生活困窮者自立支援も「静岡方式」で行こう!! 2

相互扶助の社会をつくる

津富 宏＋
NPO法人
青少年就労支援ネットワーク静岡
●編著

進化した静岡方式

LET SHIZUOKA MODEL Go! 2

TSUTOMI HIROSHI ＋
YOUTH SUPPORTED EMPLOYMENT
NETWORK-SHIZUOKA

クリエイツかもがわ
CREATES KAMOGAWA

CONTENTS

ルポ 01
静岡方式の広がり

フリーライター
永冨 奈津恵
NATSUE NAGATOMI

二〇一五年、生活困窮者自立支援法が施行され、全国各地に生活困窮者のための相談・支援窓口ができている。しかし、各自治体は何をすればいいのかわからず、とまどっているようにも見える。「生活困窮者とは誰を指すのかわからない」「生活保護申請をさせないための水際作戦ではないか」……そんな意見も聞こえてくる。

「最近、ウチは生活困窮者支援をやってるんだ」

NPO法人青少年就労支援ネットワーク静岡（以下、就労支援ネット）の津富宏理事長からそんな話を聞いたのが一年半ほど前。若者のための就労支援をやっていた団体がなぜ、生活困窮者の支援にまで乗り出しているのか。当初は疑問だったものの、取材をはじめて、それは実に自然な流れであることがわかった。

もともと同法人の若者就労支援は、働けずに困っている若者をほうって

おけない、地域のおせっかいなボランティア・サポーターによるものだった。そこから、「働けずに困っている若者だけでなく、別のことに困っている老若男女もほうっておけない」と、人々が動き出したというわけだ。

地域の人々が自由自在に「困っている人」を支援していくさまは、一見しただけではその全貌がつかみにくい。何せ、ボランティア・サポーターは数百人もいて、それら人々がＮＰＯの枠を飛び越えて広げていった活動もたくさんあるのだ。そのムーブメントは、刻一刻と「困りごと」によってアメーバのように形を変え、見るたびにちがう姿になっている。

この稿では、核となる沼津市自立相談支援センターを中心に、静岡県東部での就労支援ネットの動きを追った。私が取材したある時期の就労支援ネットによる生活困窮者支援の実際だ。

※文中に登場する事例は、特定されるのを避けるため、複数の事例を組み合わせて構成しています。

01—1

若者支援だけではなくなってきた静岡方式

沼津市自立相談支援センターでのひとコマ

北条さん（仮名）は驚いた。市役所の人からすすめられて沼津市自立相談支援センター（以下、センター）を訪れたときのことだ。てっきり役所の窓口のようなところだと思い込んでいた。しかし、建物こそ「サンウェルぬまづ」という立派な公共施設のなかにあるが、センターはわずか十五畳ほどの小さなスペース。スペースからはみ出た人たちも、同じフロアの椅子があるスペースで何ごとかを楽しそうに話している。北条さんがイメージしていた「生活困窮」という深刻さはみじんも感じられなかった。

受付で同意書にサインしたあと、スタッフらしき人は「ちょっと待ってくださいね」と鳴っていた電話を取り、眉間にしわを寄せ、受話器を握りしめたまま深刻そうに話しはじめた。北条さんは待ちぼうけをくらい、所在なさげに立ちつくしていたが、「あれ？　相談者さん？」と声をかけてくれる人がいた。見ると、普段着の主婦といった風情の四〇代の女性が横に立っている。

「はぁ……」

北条さんは、自分が「相談者さん」に相当するのかわからないまま、あいまいに相づちを打つと、「ここ、混んでるからあっちに行こうか」と言われ、なすがままに同じフロアに置かれた椅子に並んで腰をかけることになった。

「ここ、すごいでしょう？　今、スタッフの人が取り込んでるの」

「え？　あなたはスタッフじゃないんですか？」

「うん。ここのNPOでボランティアやってるの。ここにはスタッフもいれば、相談者の人も来てるし、ボランティアの人もいるし、ボランティア希望の人も来るし。なんかいろいろな人が集まってるの（笑）」

北条さんは、市役所の一室でメモを取りながら話を聞かれたことを思い出し、「あのときに比べれば、この人に話すほうがずっと楽だ」と感じた。そして、心置きなく自分がなぜここに来たかを話しはじめた。

北条さんは現在五〇代前半。シングルマザーで四〇代後半まで働きづめだった。さいわいクレーン運転資格を持っていたので、肉体労働の現場で働きながら、子どもを大学まで出した。今、子どもは就職して名古屋に住んでいる。ちょうど子どもが就職した時期に体をこわし、肉体労働ができなくなり、会社をやめることになった。失業保険と退職金、今までの貯金で食いつなぎながら、自宅にひきこもっているうちにうつ病を発症。もうすぐ貯金が尽きてしまいそうなのだが、フルタイムで毎日働くことはできそうにない。生活保護は受けたくない。働きたいが、五〇代ではなかなか求人もなく、あったとしてもフルタイムで働けないことがネックとなり、電話をかけた時点で断られることばかり。すっかり困り果て市役所の福祉課に相談に行ったところ、ここをすすめられてやって来た。

人が通り過ぎる廊下の端で、北条さんは自分のことを話しつづけた。「大変だったねぇ」「あらぁ〜」と、ボランティア・サポーターがまるで同級生のように聞いてくれるので、北条さんはこれまで誰にも話せなかったようなことをどんどん話すことができた。寝る間も惜しんで働きづめだった北条さんには、こんなことを言える友だちはいなかった。シングルマザーになったときから、自分の親や親戚とは絶縁状態になってしまっていたし、男ばかりの職場で働いていた北条さんは、同僚に弱音を吐くこともできなかったのだ。

だいたいのことを話し終えたころ、突然、またちがう女性に声をかけられた。といっても、声をかけられたのは、北条さんの話し相手になってくれているボランティア・サポーターのほうだ。

「あれ？　○○さん、どうしたの？」

「いや、今、北条さんの話聞いてたんだけど、一日四、五時間の仕事ってどこかにないかな？」

「北条さん、どんな仕事がしたいの？」

今まさに出会ったばかりの人が自分の名前を気安く呼び、ズバリと核心に触れることを聞いてくるので、北条さんはビックリしてしまった。なのに、まるで友だちに話しているときのように自然と自分の希望をすんなりと口に出すことができた。

「肉体労働は苦にならないんだけど、体の調子もあるし、無理かなぁ」

「やってみたいことはある？」

「接客の仕事とか飲食店とか、やったことないけどやってみたい」

傍から見れば、妙齢の女性三人が井戸端会議をやっているように見えただろう。北条さんも緊張から解放され、すっかりふだんの口調で話している。

「ねえねぇ、それじゃあ、あそこがいいんじゃない？　あの堤さんが前に言ってたカフェ」

「それ、いいかも。女性のスタッフがほしいって言ってたみたいだからね」

相手の女性二人は意気投合したふうで、「堤さぁん、ねぇ、ちょっとちょっと」とセンターのスペース内に向かって呼びかける。

「なになに？」

出てきたのはセンターのスタッフ、堤絵理である。しかし、名札も下げていない堤がまさかセンターのスタッフであるとは、北条さんにはわからない。受付をしてくれた別のスタッフはまだ頭を抱えながら、受話器に向かって話し込んでいる。

「あ、いいね、いいね。今、電話してみよう」

事情を聞いた堤は、さっそく二人が言っていたカフェとやらに電話をかける。自分は五〇代だけど大丈夫なのか？　まったく未経験だけど採用してくれそうなのか？……北条さんの頭にはいくつもの疑問が浮かんだが、なんとなく場の勢いに流されてしまった。

「知り合いの人が接客の仕事したいって言ってるんだけど……」

堤は電話口でそう言った。いきなり「知り合い」呼ばわりされたが、それもいやではなかった。

それより、「私のことをそんなに簡単に信用して大丈夫なの？」「相手の方に迷惑がかからないの？」と、むしろ堤のことを心配してしまった。

「今から行こう！　えっとお名前は？」

電話を終えた堤は言う。名前も知らない人間を躊躇《ちゅうちょ》なく知人扱いし、紹介したわけだ。「この人たちはいったいなんなのだろう？」と思いながら、北条さんはセンターについてわずか三〇分足らずの間に、就職を決めていた。

カフェの店主もやはりボランティア・サポーターの一員らしく、北条さんをひと目見て即決。「大変だったねぇ」と、これまた同級生のようなノリで北条さんをねぎらってくれた。

堤がセンターのスタッフであるということがわかったのは、別れ際「一応、センターのつてで就職が決まったということで、あとで書類を書いてね」と言われたときである。

おせっかいな地域ネットワークが困っている人を救う

二〇一五年に生活困窮者自立支援法が本格的に施行され、現在では、生活全般にわたる困りごとの相談窓口が全国に設置されている。

支援法施行に伴って開設された沼津市のセンターの新規相談件数は月平均約二九件である。全国平均は約二七件だから、データだけ見れば、ほかの自立支援相談窓口とほとんど変わらないように見える。

しかし、このセンターは視察に訪れる人が引きも切らないほど、注目されている。その理由は、センターを受託するＮＰＯ法人青少年就労支援ネットワーク静岡（以下、就労支援ネット）が生み出した「静岡方式」と呼ばれる仕組みにある。

生活困窮者自立支援の「静岡方式」の一端を紹介しよう。

前述した北条さんは、センターのスタッフ、堤から紹介されたカフェで一日五時間働きはじめた。もらっている障害年金を足せば、なんとかひとり分の生活費をまかなうことができるだろう。しかし、それまで息子とふたり暮らしをしていたアパートは家賃が高く、ここに住んでいる限りいつか生活が破綻してしまうことは目に見えていた。

そこで、センターに相談し、ひとり住まい用のアパートに引っ越すことになった。

困ったのが家財道具だ。大きな冷蔵庫をひとり用の小さな冷蔵庫に買い替えたい。ソファやベッドは引っ越し先には狭くて入らない。むしろ布団やクッションがほしかった。もちろん家財道具を処分するにもお金がかかれば、新たなものを買うにもお金がかかる。引っ越しの費用もままならないなか、北条さんは途方に暮れてしまった。

そこで、センターはどうしたか。

就労支援ネットのボランティア・サポーター約五〇〇名（静岡県東部のみ）に、メーリングリストでこのように呼びかけたのだ。

「五〇代の女性が、新しくアパートに入居することになったのですが、ひとり用の家財道具がありません。どなたか寄付していただけないでしょうか。また、処分したいものがたくさんあります。どなたかもらっていただけないでしょうか。〇月〇日が引っ越しです。手伝っていただける方は連絡ください」

この呼びかけに、ボランティア・サポーターたちはいっせいに応えた。あっという間に必要なものは集まり、処分したいものは次々と持ち去られた。引っ越し当日には、手伝いの人が続々と集まり、見る見るうちに引っ越しは完了してしまった。

呼びかけに応じたボランティア・サポーターは、ただ自宅の不要なものをあげただけかもしれない。ほしいものがあったからもらっただけかもしれない。お祭り気分で引っ越しを手伝っただけかもしれない。しかし、一人ひとりのちょっとした気持ちが集まって、北条さんの困りごとは一気に解決してしまった。

現在、北条さんは、たまにセンターに立ち寄って、ボランティア・サポーターたちと一緒に、あのときのように井戸端会議をする。ときどき相談者の話を聞くこともある。

「それだったら、〇〇さんに相談するといいかも」

そんなことを言えるほど、地域の人の顔を知るようになった。

――地域の一人ひとりが力を寄せ合い、困っている人を支える。

――支えられた人は次には支え手となって、支える輪が広がっていく。

これが、「静岡方式」の本領だ。北条さんのケースはほんの一例に過ぎない。

青少年就労支援ネットワーク静岡の「静岡方式」

そもそも、「静岡方式」とは、就労支援ネットワークが生み出した若者就労支援の仕組みを指している。

この仕組みは、既存の若者就労支援の手法から逸脱していることから、「本当にこのやり方で若者就労支援ができるのか」と、なかば懐疑的に受けとめられることも多かった。

「静岡方式」の特徴を書き出してみよう。

- 人件費ゼロで支援のすべてをボランティア・サポーターがまかなう。
- 伴走型支援のため拠点は持たない。
- 空き時間はつくらない。いきなり職場に入って体験してもらう。
- サポートに終わりはなく、半永久的に関わる。

●支援を受けていた若者が支援する側にまわることもある。

支援のすべてをボランティア・サポーターでまかなうことは、一般的な若者自立支援の手法からはずれている。たとえば、厚生労働省が全国に設置した地域若者サポートステーションは臨床心理士やキャリアコンサルタントなどの専門家を必ず雇用するよう指導している。ひきこもりだったり、精神的不調を抱える若者たちの相手をするのだから、「就労支援はプロフェッショナルでなければつとまらない」とほとんどの人は考えるだろう。

しかし、本当にそうなのだろうか。ほんの少し前までは、近所のおじちゃん・おばちゃんが働く場所を世話することはめずらしくはなかったし、働く気力が萎えてしまった若者の相談相手になり、ときには檄を飛ばして若者を励ますこともよくある風景だったはずだ。

そこで、就労支援ネットは、「就労支援は誰でもできる」と考えた。

ボランティア・サポーターとなる地域のおじちゃん・おばちゃんが支援することの強みは大いにある。ボランティア・サポーターたちは、就労支援を生業としているわけではない。それぞれが地域のなかで仕事をしている職業人であり、生活者だ。彼らは、地域の仕事の実際を肌で感じているし、横のつながりも広い。十人十色の若者の希望をかなえるために、ボランティア・サポーターたちは地域のコネクションを総動員して、その若者の希望に添った職場体験先や就労先をどこかしらから見つけてくる。

たとえば、ある若者が「パソコンを習いたい」と言ったとする。すると、その情報は瞬く間にボランティア・サポーター全員に伝えられ、パソコン教室を経営しているボランティア・サポーターが「じゃあ、うちの教室においで」と受け入れる。また、ちがう若者が「食べ物に関わる仕事をしてみたい」と言う。すると、「うちの叔母が食堂をやっているから、そこに頼んでみようか」「私の教え子が食品工場を経営している」……などなど、ボランティア・サポーター自身が持っている地域の資源が大いに活用されることになる。

「拠点を持たない」ことも、ボランティア・サポーターのネットワークだからこその特徴だ。サポートは、ボランティア・サポーターと若者の一対一で行われる伴走型だから、わざわざお互いの家から遠い拠点で会う必要はない。特に、地方は圧倒的なクルマ社会である。クルマを持たない・乗れない若者がわざわざ電車やバスを乗り継いで拠点に行くのは効率が悪い。ボランティア・サポーターが若者の住んでいるところまで行けばいいだけなのだ。

ボランティア・サポーターの動きはメーリングリストで報告されるので、ほかの人のサポート状況を知ることができるし、協力し合ってサポートにあたることもできる。もちろん、ボランティア・サポーターが支援に行き詰まったときには、さまざまな人から支援のアイデアが寄せられ、支援を手伝ってもらうこともできる。拠点で行われるケース会議などの役割は、メーリングリストで十分に補完されているというわけだ。

また、「拠点を持たない」から、就労訓練は実際に働く現場で行われる。いくら畳の上で泳ぎの練習をしたところで、海に出て泳げはしない。だったら、最初から海で泳ぎの練習をしたほうが手っ取り早い。若者たちはボランティア・サポーターが探し出してきた職場で就労訓練を行い、運がよければそこで雇ってもらう。

「就労訓練なし」「就職活動期間なし」だと、展開は驚くほど早くなった。参加する若者のほぼ八割が半年以内に進路決定している。

若者たちはその職場にずっと勤めるわけではない。ステップアップを求めて転職したくなることもあるだろうし、その業種が自分には向いていないということがわかり、やめてしまうことだってある。終身雇用が当たり前でなくなった現在、誰もがいつリストラされてもおかしくない。そこで、就労支援ネットは「フォローアップミーティング」という若者とボランティア・サポーターの交流の場をつくった。職に就いたあとも団体と関わりつづけることで半永久的に支援しつづけることが可能になったのだ。支援を受けていた若者は、「フォローアップミーティング」で現在支援を受けている若者の悩みを聞き、アドバイスすることもあるし、自身がボランティア・サポーターとして支援する立場になることもある。

若者自立支援の規格外とも言える、この「静岡方式」が、二〇一一年『若者就労支援「静岡方式」で行こう!!』（クリエイツかもがわ刊）で紹介されると、全国から注目が集まった。

「地域の力で若者を育てる」

その考え方は共感を呼び、全国各地に「静岡方式」という考え方が広まっていった。

「静岡方式」は若者支援だけではなかった

『若者就労支援「静岡方式」で行こう!!』書籍発行から六年の月日が流れ、二〇一七年、就労支援ネットは発足から一五年を迎える。

書籍発行後、就労支援ネットは少しずつ活動の幅を広げている。若者就労支援を中心とした「静岡方式」を第一期とするなら、現在は第二期への過渡期と言えるかもしれない。「静岡方式」を活用して、「一人ひとりの〝困りごと〟を中心に地域をつくり直す」段階に入ってきたのだ。冒頭に紹介した、沼津のセンター受託もその変化の一環だ。

就労支援ネットは、一五年近くにわたって若者支援を行ってきたが、ただ就労支援だけをしていればよいというわけではなかった。親からネグレクトに近い状態にあった若者のために、住居を探さなければならないときもあった。若者が抱えた借金を清算するために、弁護士に相談しなければならないときもあった。「働きたい」という希望を実現するために、彼らが抱える別の問題を解決しなければならないことはたくさんあったのだ。

「就労支援以外に解決しなければならない問題があり、支援の幅を広げざるを得ない」

そうした考え方から、二〇一一年、厚生労働省の「ホームレス等貧困・困窮者の「絆」再生事業（現在事業終了）」を受託し、東部青少年就労支援センターを開設。若者を中心としながらも、貧困や生活困窮に陥った人々をもサポートするようになり、就労支援を中心に据えながらも、経済的支援、生活支援などさまざまな支援を行うようになった。

こうした変革を就労支援ネットの理事長をつとめる津富宏はこのように言う。

「若者に対して就労支援をやろうとしたきっかけは、働けない若者のことが気になって仕方なかったから。だから、できるかどうかはわからなかったけど、自分たちでやり方を工夫しながらやってみることにした。それで生まれたのが〝静岡方式〟なんだよね。〝静岡方式〟が順調にまわるようになってきたら、今度は、働けない若者の背景にある問題や、若者だけに限らず働けなくて困っている人のことも気になってきちゃった。しかも、僕たちが考えた静岡方式を応用できると思ったから、じゃあ、やってみよう。そんな気持ちだね」

津富は、自らが執筆したエッセイにもこんなふうに書いている。

――（働けない若者を就労支援のために）伴走し出すと気づくのは、働きたいけれども働けない若者の困りごとは、さまざまな困りごととつながっていることです。貧しい家庭で育つ子どもたちの困りごとも、シングルマザーの困りごとも、ひとり暮らしをしているお年寄りの困りごとなどとも、つながっています。働けないということは、お互いにつながり合ったさまざまな問題のうちたったひとつの問題なのです。だから、当法人では生活困窮の問題にも取り組みはじめました。

B1F
2F
8月5日

01—2

沼津市を中心とした「静岡方式」の進化

伴走型のスピード感が生活困窮者自立支援に役立つ

沼津市自立相談支援センター（以下、センター）・センター長の米山世紀は、もともと就労支援ネットの東部青少年就労支援センターのセンター長だった。これは、二〇一一年、厚生労働省の「ホームレス等貧困・困窮者の「絆」再生事業（以下、絆再生事業。現在事業終了）」として受託した事業だ。働けない人に対して「静岡方式」の伴走型で支援していくこと。これは、就労支援ネットでボランティア・サポーターの経験がある米山にとってたいした問題ではなかった。本来の絆再生事業の対象はホームレスやネットカフェ難民だったが、沼津市ではホームレスの数が少ないこともあり、就労支援ネットの得意分野である若者支援が九割を占め、残りの一割がホームレスやネットカフェ難民だった。

二〇一五年、就労支援ネットは沼津市生活困窮者自立相談支援事業を受託することになった。対象者の年齢層はグンと広がったが、やってきたことは今まで行ってきたことと変わらない。やはり、中心になるのは伴走型支援だ。

生活困窮者自立支援と若者就労支援との根本的なちがいは、「タイムリミットがある」ということだろう。失業保険が切れてしまったり、貯金がなくなってしまったら、もう生活できないという状況の人たちに、一刻も早く仕事を見つけなければならない。就労までのスピードが必要となる。

ここで、「静岡方式」の就労支援の特徴を思い出す。場を持たないから、仕事の現場で就労体験する。「就労訓練なし」「就職活動期間なし」だから、展開が早いことに特徴があった。米山たちは、生活困窮者自立支援において、「静岡方式」のスピード感をさらに進化させている。

たとえば、特にスピードがあると定評のスタッフ、堤絵理の動きを見てみよう。

センターはひどく狭い。十五畳ほどのスペースがそのすべてで、スタッフの机を置き、そのほかの椅子を四つ、五つ置いているが、もうそれでいっぱいだ。

あるとき、堤が外まわりから帰ってくると、相談者らしき人が何人かスペースからはみ出ていた。すると、堤はこんなふうに言うのだ。

「ここ混んでるから、みんなでドライブに行こうよ」

そこで、はじめて会った三、四人の人たちを一気に車に乗せてしまう。もちろん、堤以外の人々もおそらく初対面のはずだ。堤の勢いに負けて、行き先の決ま

センター・就労支援員　堤絵理

らないドライブがはじまる。

車のなかでは話すぐらいしかやることがないから、自然と自己紹介がはじまる。最初はぎこちなかった会話も、堤が間を取り持つことで、少しずつ口がなめらかになってくる。ふと誰かが口にした「小売店で働いたことがある」という言葉をきっかけに、堤の頭のなかに、近隣にあるボランティア・サポーターの店が浮かび上がる。

「あぁ、ちょうどよかった。近くに私の知り合いがやっている干物屋さんがあるから見学に行かない？」

そして、強引に、アポも取らずに「こんにちは！　見学させて」と入り込むのである。しかし、干物屋を経営するボランティア・サポーターも堤のことをよくわかっている。

「ねぇねぇ、○○さんが〝レジやってみたい〟って言ってるんだけど」

堤の強引なお願いにも動じることなく、「やってみる？」とレジでの作業を教える。そして、さりげなく「こういうのに興味ある？」「ウチは魚をさばく作業もあるんだ」「ウチじゃなくても、同じボランティアの○○さんのところを紹介することもできるよ」と話しかける。

おじゃましていろいろと話しているうちに、あっという間にひとりの就労体験が決まる。すると、「遅れを取ってはいけない」というグループダイナミクスが働くのか、「自分は、さっきの人が紹介してくれるというところに行ってみようかな」と言い出す人が出てくる。

「明日から来てみる？」

それだけでアルバイトが決まってしまう人もいる。そうして、一人ひとりを車から降ろしていくと、だんだん車内に残る人数が減ってくる。

「どこに住んでるの?」

「そこなら、ボランティアの〇〇さんちの近くだよ。行って会ってみようか?」

あれよ、あれよという間に、ほとんどの人がボランティア・サポーターの手にゆだねられた。今後が決まらなかった人に対しては、ボランティア・サポーターが伴走していくことになる。昨日まで孤立していた人々が、センターに来たわずか半日足らずで、何人もの地域の人々と出会い、出会うことで新たな展開を進みはじめた。

センターのスタッフとして働き、賃金を得ている米山や堤は、就労支援ネットでは「有償ボランティア」と呼ばれている(この稿で「ボランティア・サポーター」と記した場合はすべて無償ボランティアを指す)。彼らの役割は、相談者をボランティア・サポーターにつなげることだ。

あるボランティア・サポーターは、一度も働いたことがないというひきこもりだった四〇代の男性を自分の会社で職場体験させる。

あるボランティア・サポーターは、「じっくり、ゆっくり話をしながら、今後のことを考えたい」という人に寄り添って、何時間でも話を聞いてあげる。

あるボランティア・サポーターは、就職面接に行く人の面接練習につきあう。

あるボランティア・サポーターは、職を求める人を知り合いが経営する会社に紹介する。

前述した堤は言う。

「困っている人はたいていひとりで困っているんですよね。地域のなかで孤立している。だから、できるだけたくさんの人に出会ってもらいたいんです」

また、富士宮市で生活困窮者就労準備支援事業のスタッフをしている有償ボランティア、大倉守喜も言う。

「地域に〝助けて〟と言える相手、〝どうしたの？〟と言ってくれる相手をたくさんつくり出したい」

困っている人をボランティア・サポーターにつなぐことは、その人を知る地域の知り合いをつくり出すことだ。相談者ひとりに対してボランティア・サポーターひとりだけで伴走することは少ないから、地域の知り合いを複数つくることができる。複数の知り合いたちは、自身のコネクションやボランティアネットワークのつながりを総動員して、次々

富士宮市就労準備支援センター　大倉守喜（右）、篠崎美保（左）

と就労先を見つけてきては、相談者に提案する。これが、「静岡方式」のスピード感の基盤となっている。

こうした動きはボランティア・サポーターの活性化にも効果がある。困っている人を伴走するとき、ボランティア・サポーターは「地域にこんな困りごとがあるのか」と問題意識を感じ、その地域をよりよくしていこうと動き出すことになる。

津富理事長は、こんなふうに言う。

「有償ボランティアの賃金は地域そのものを変えていくことに対して支払われている。目の前の困っている人を支援するのは無償ボランティア。地域に住むおせっかいな人たちを巻き込んでいくと、地域自体が困っている人を支援する力を持つようになる」

行政の事業だけでは地域の力は育まれない

何度も書いてきたとおり、センターは狭い。面談スペースもあるにはあるが、ほとんど使われていない。たいていの生活困窮者自立支援制度における自立相談支援機関では面談スペースがあるものだ。特に、困窮を抱えた人は自身のこれまでのことを恥ずかしいと感じていることが多いと考えられていて、相談内容を誰にも聞かれないように配慮するのが一般的だとされている。だから、行政も、相談者の話をほかに聞かれない配慮をするように指導する。

では、沼津のセンターではどうしているのか。

センターに相談者がやって来る。スペースのなかは、活動の話し合いをするボランティア・サポーターであふれていてたいてい混雑しているので、どこにも座るスペースがない。しかたないので、スタッフは相談者を車で連れ出し、ほかのボランティア・サポーターのところで話を聞いたりする。センターと同じフロアの椅子のあるスペースや立ち話で話を聞きながら、ほかに来ていた相談者を巻き込んで井戸端会議に発展することもある。内容によっては「それなら○○さんがくわしいから聞いてみよう」と、そこら辺にいるボランティア・サポーターに声をかける。ときには、冒頭に紹介した北条さんのように、スタッフが取り込んでいて、ボランティア・サポーターが最初に相談を受けることもある。

こうしたやり方は雑に見えるかもしれない。「個人情報の取り扱いはどうなっているのか」と考える人もいるだろう。もちろん、相談者がセンターにやって来た時点で、個人情報取り扱いの同意書を取り交わしている。生活困窮者自立相談支援事業に関するものと同時に、NPO法人としてのものにも同意してもらっている。本人の意志でボランティア・サポーターに相談する分には問題がないはずだが、それでも「個人情報の取り扱いが雑だ」と非難する人はいるだろう。

しかし、相談者からのクレームは今まで、一度もなかった。相談に訪れた何人かに聞いてみた。

「市役所の窓口とかで、事情聴取みたいに話を聞かれるよりずっといい」

「ずっと友だちがいなかったんで、そういえば友だちに相談するときはこんな感じだったと思い出した」

口々にそう言う。

一般的に、生活困窮者自立相談支援事業を行政から受託した団体は、「個人の困りごとを解決し、その人を支える」という発想のもとに支援を行っている。しかし、就労支援ネットはちがう。「個人の困りごとを地域で解決し、地域で支える」ことをめざしている。

つまり、普通は、有償スタッフがひとりの相談者に伴走し、その人の困りごとを解決できれば終結だが、就労支援ネットはあえて困りごとを地域の人々のなかに提示し、それを地域のみんなで解決していこうとしているわけだ。相談者によって持ち込まれた困りごとを支援者だけで独占することはない。困りごとはボランティア・サポーターという地域の人々によってシェアされる。だから、面談スペースはほとんど使われない。

「就労支援ネットは支援の専門家がいないというところからスタートしている。地域の悩みは地域で解決していこうというのがポリシーだから、

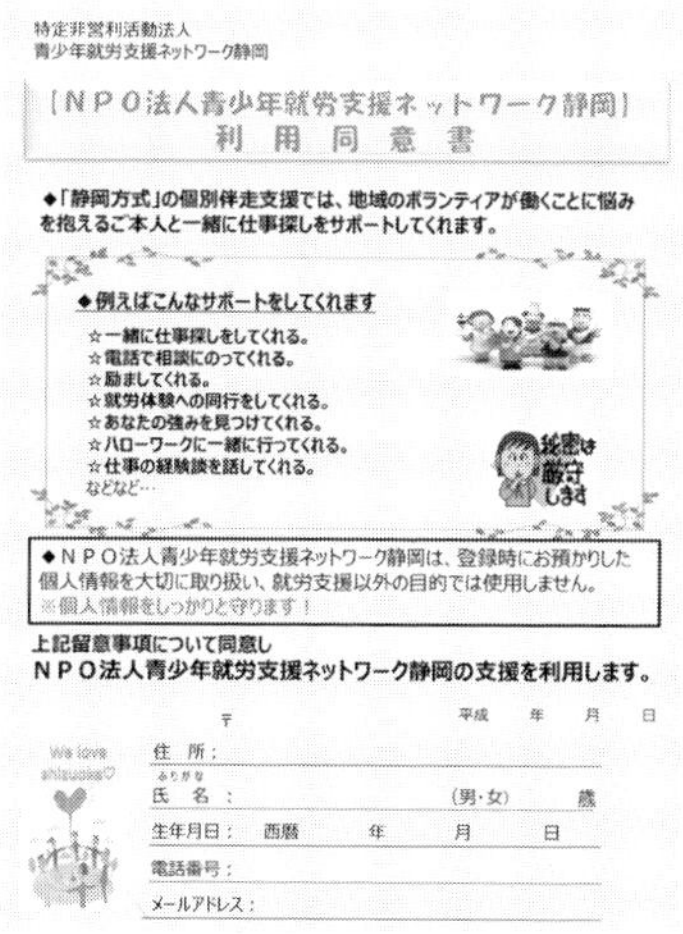
特定非営利活動法人
青少年就労支援ネットワーク静岡

【NPO法人青少年就労支援ネットワーク静岡】
利用同意書

◆「静岡方式」の個別伴走支援では、地域のボランティアが働くことに悩みを抱えるご本人と一緒に仕事探しをサポートしてくれます。

◆例えばこんなサポートをしてくれます
☆一緒に仕事探しをしてくれる。
☆電話で相談にのってくれる。
☆励ましてくれる。
☆就労体験への同行をしてくれる。
☆あなたの強みを見つけてくれる。
☆ハローワークに一緒に行ってくれる。
☆仕事の経験談を話してくれる。
などなど…

秘密は厳守します

◆NPO法人青少年就労支援ネットワーク静岡は、登録時にお預かりした個人情報を大切に取り扱い、就労支援以外の目的では使用しません。
※個人情報をしっかりと守ります！

上記留意事項について同意し
NPO法人青少年就労支援ネットワーク静岡の支援を利用します。

平成　年　月　日
〒
住　所：
氏　名《ふりがな》：　（男・女）　歳
生年月日：　西暦　年　月　日
電話番号：
メールアドレス：

NPO法人の利用同意書（P.030参照）

有償ボランティアだけで支援を独占してはいけない。支援はあくまでも、地域のボランティアが行うべき」

津富理事長はそんなことを言う。それにはセンター長の米山も同感だ。

「たとえば、行政から人件費をもらっているスタッフが支援をするというスタイルでは、個人を支えることはできても、地域を変えることはできないので、行政からのお金がなくなったときに支援がストップしてしまう。結局、地域には困った人だけが残されるわけです。そうではなくて、僕たちは行政から事業を受託して、地域で支援してもらう仕組みをつくっている。そうしておけば、仮に行政が予算を出せなくなったときにでも、地域で支援する仕組みは残ります。僕たち有償スタッフは支援の専門家になってはいけないんです。地域の専門家になるべきだと思うんです」

立ち止まらない「展開力」を支えるつながりのなかに「巻き込む力」

働きたくても働けない悩みを抱えた若者や生活困窮者が、就労支援ネットの主な相談者である。こうした人のなかには、働いた経験がまったくない人、あるいは以前の職場で挫折を経験している人が少なくない。「働く」ことに恐れや不安を抱いているため、いざ「働きたい」と思っても、気持ちや体がついていかない人がほとんどなのだ。

こうした人々を支援するにあたって「スピード感が大事」というと、既存の支援者や専門家の多くは「ゆっくり考える時間が必要」「まずは同じ立場の人とふれあい、傷を癒やしてから就労に取り組むべき」と反発するのではないだろうか。しかし、こうした批判は少々的はずれかもしれない。支援ネットの言う「スピード感」とは、「就労できるまでのスピード」だけではなく、立ち止まらない「展開力」をも指しているからだ。

たとえば、一度も働いたことのない三九歳の男性がいた。彼は、小学校から不登校気味で、中学卒業時から実に二四年間もひきこもっていた男性である。こうしたケースの場合、週に一度、どこかに通所することからはじめ、まずは担当者とマンツーマンのカウンセリングを行い、ゆっくりと集団のコミュニケーションに慣れていく……と考えるのが、一般的な支援だろう。

しかし、ボランティア・サポーターは、この三九歳の男性を、いきなり何十人もの人が集まる沼津のフォローアップミーティングに誘い出した。彼は最初は誰とも口をきかなかった。ただひたすらひとりでいようとしつづけたが、ボランティア・サポーターたちは容赦しない。

「どこから来たの？」

「今度、こんなことやるんだけど来ない？」

次々と話しかけられてしまう。二四年の間、おそらく家族ともほとんど会話をしてこなかった男性は驚き、とまどってしまったのではないかと思う。ボランティア・サポーターたちが彼の心を傷つけてしまったのではないかと思わず心配してしまう。しかし、それは杞憂だった。その場の勢いが男性を集団の渦のなかに巻き込み、後半になると、話しかけられたことに笑顔で答えられるようになっていた。ボランティア・サポーターは、人と人とのつながりのなかに、男性を否応なく巻き込んでいく。

その後、この男性のもとに、ファローアップミーティングで出会ったボランティア・サポーターたちから連絡が入るようになる。

「近くまで来たんだけど出てこない？」

「今度、食事会に行かない？」

「仕事を一緒にやってくれないかな？」

もちろん、最初のうちは男性も断るだろう。でも、何度断ってもその誘いは止むことがない。そこで、「ミーティングで出会った人がいるなら一度だけでも行ってみるか」と重い腰を上げる。活動に参加して、少しでも作業をすると、「すごいね」「あぁ、君がいてくれて助かった」とねぎらってくれる。それに気をよくして、もう一回だけ行ってみるかと動きはじめる。人とのつながりを背景に、男性は次から次へといろいろな体験に取り組むことになったわけだ。

こんなことをつづけて一年が経ったころ、彼はポスティングの仕事をはじめた。今でも、男性はフォローアップミーティングに欠かさず参加して、あのころの自分と同じような青年に話しかけている。

——止まらない。
——空き時間をつくらない。
——たえず前に進む。

これが「展開力」をつくり出す三つの原則だ。

これまで、就労支援ネットワークでは、半年に一度、「巻き込む力」を背景にした「展開の早さ」を若者就労支援の合宿やセミナーで演出してきた。この手法は現在もつづいているが、沼津市のセンターでは、日常的に「巻き込み感」をつくり出せるようになった。

津富理事長はよくこんなふうに言う。

「相談中心の若者支援は、若者に巻き込まれて、面談室のなかにひきこもっている。若者に巻き込まれたんじゃダメなんだよ。僕たちが若者を巻き込んでいかないと、彼らはずっと動けないままだ」

地域そのものを変えていくためにできることは何か

沼津市のセンターを中心に、独特の混沌状態を醸し、誰もを巻き込む力を発揮するボランティア・サポーターたちの数は、今や静岡県東部だけで五〇〇人近くになり、ボランティア・サポーターが新しいボランティア・サポーターを勧誘するといった動きで、加速度的に増えつづけている。とはいえ、もちろん、最初からこんなに多くのボランティア・サポーターたちがいたわけではない。

センターの前身である東部青少年就労支援センターに従事していた当時、米山は悩んでいた。登録してくれたボランティア・サポーターは当時わずかに七人。沼津市の中心街にスペースをかまえたものの、やって来る人はほとんどいない。NPOへの若者支援依頼はあったものの、東部青少年就労支援センターの認知度は低く、窓口では開店休業状態が続いていた。

米山は、「静岡方式」と出会ったときの衝撃を思い出していた。就労支援と言えば、ハローワークや地域若者サポートステーションで行われる、キャリアカウンセラーや産業カウンセラーとの一対一の面談をイメージしていた米山は、「ボランティアのネットワークをつくって、地域を変えるところまでイメージして就労支援が行われていることにビックリした」と言う。

若者が一度就職したとしてもそこでは終わらない。また無職になったとしても、就労支援ネットで得られるネットワークを通して、スムーズに再就職することができる。このご時世、ボランティア・サポーター自身が失業することもあった。しかし、失業したボランティア・サポーターは、就労支援ネットのネットワークのなかで職を見つけていった。それは、まさに「地域」という社会資源をおおいに活用するセルフヘルプグループ（当事者同士が支援し合うグループ）だったのだ。

「仮に仕事が得られたとしても、地域の助けを得られないままだったら、その人の働きづらさは変わらないのではないだろうか？」

「もっと地域で支え合う仕組みをつくらなければ、困っている人は困ったままではないのか？」

まずは、ボランティア・サポーターを増やさなければならない。もっともっと地域ぐるみで支援できる仕組みをつくらなければならない。そう米山は考えたのだった。

しかし、どうすればボランティア・サポーターが増えるのかはまったくわからない。

自分たちのスペースに、地域の人々を呼び込むことはできないかと、「ご自由にお入りください」

「ようこそ」と書いた紙を貼ってみた。ところが、こんな小手先の方法ではまったく効果がない。

「人が集まる場所をつくるために、ただ待っていたのではダメだ」

米山はそう考えた。当時を知る堤も言う。

「誰だって、今か今かと入ってくるのを待ち構えてるところに行きたくないよね（笑）。だから、私たちのほうから地域に出て行かなくてはならない……そんなふうに米山さんと考えたんだよね」

「そんなに大変なことは無理」

……ボランティアへの拒絶反応

米山たち有償ボランティアは、若者たちの伴走支援をしながら、訪問した会社の社長さん、支援で連携してくれるほかの団体の人、応援してくれる行政の人たちに声をかけまくった。

「ボランティア・サポーターに登録してくれませんか？」

しかし、それを聞いた相手は、決まってこう言った。

「そんなに大変なことはとてもできない。無理だよ」

当初、米山がイメージしていたのは、若者就労支援における伴走者としてのボランティア・サポーターだった。半日のセミナー三回、一泊二日の宿泊セミナー一回に参加して、担当の若者をひとり受け持ち、半年の間にその若者を就労へと伴走する。それが年に二回。若者はたしかにそれぞれの困難を抱えているのだが、若者への思いがあれば難しいことではないし、そんなに大変でもない……米山はそう伝え、ボランティア・サポーターに勧誘するのだが、「時間的に難しい」「ひきこもりの若者の面倒をひとりで見るなんて、責任が重すぎる」と断られるばかりだった。

考えてみれば、それまでの就労支援ネットのボランティア・サポーターたちは、比較的高齢で、自営で仕事をしていたり、仕事をリタイアした人も少なくなかった。つまり、時間に余裕のある人ばかりだったのだ。しかし、自分たちが声をかけたのは、米山と同じ年ごろである三〇〜四〇代の働き盛りの人たち。職場では中心となって働き、子育ても真っ最中の人たちである。こうした忙しい人たちが、「ひとりでひとりの人を世話する伴走型支援は負担が大きい」と感じてしまうのも無理はない。

そこで、米山は方針を変えることにした。

「伴走型支援には参加しなくてもいい。メーリングリストを受け取るだけで構わないから、ボランティア・サポーターに登録してくれませんか？」

こういう誘いなら、誰もがOKしてくれた。そして、ボランティア・サポーターはどんどんと増えていった。

増えつづけるボランティア・サポーターに、米山たちスタッフは、メーリングリストを通じて積極的に情報を流していった。

たとえば、あるセミナーの報告書。

たとえば、ボランティア・サポーター登録さえしておけば、誰もが参加できるフォローアップミーティングやセミナー、各種イベントの開催告知。

そして、とある家庭での困りごとを助けてもらえないかという呼びかけ……中学の体操

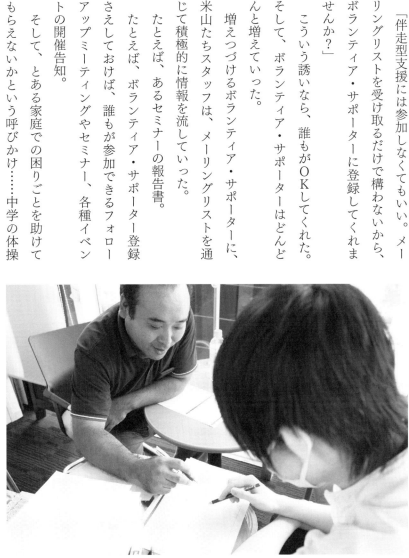

着が買えない家庭のために譲ってくれる人はいないか、ひきこもりだった若者が働く練習となるようなアルバイトを知らないか、進学したい若者のために小論文を添削してくれないか、シングルマザーのために子どもを乗せられる自転車を譲ってくれないか。

「働けなくて困っている若者のことも、生活困窮のことも知らない人がほとんどだったけれど、こういう人たちが僕たちの住んでいる地域にいて、実際に困っているという情報だけでも届けたかった」

米山はこんなふうに言う。

メーリングリストでの情報発信がボランティア・サポーター登録してくれた人たちへの啓蒙活動になり、徐々に積極的に協力してくれる人たちが出てきた。そして、その人たちが新たに自分のまわりの人々をボランティア・サポーターへと誘い、その数はネズミ算的に増えていくことになった。

ボランティア同士を結びつけイキイキと活動してもらうために

現在、沼津のセンターでは、「この分野が得意な人は○○さん」「△△さんは食事会のときにその腕前を発揮する」「企業ボランティア・サポーターのあの社長さんは〝教える力〟がものすごい」といったふうに、ボランティア・サポーターの特徴が集約され、「このケースならあの人につなごう」というパターンが生まれている。

もちろん、当初からこうした状況だったわけではない。ボランティア・サポーターの数が増えたはいいものの、そのほとんどはメーリングリストを受け取るだけの幽霊ボランティアだった。「何かをやりたい」と思ってボランティア・サポーターに登録してみた人も、「何をやればいいかわからないから活動したくてもできない」と感じていた。

その当時、沼津のセンターでボランティア・サポーター活動の広がりを見ていた大倉は、現在、富士宮の事業を担当しながら、当時の沼津と同じ課題に直面している。富士宮市のボランティア・サポーター登録は七八名もいるが、まだ機能しているとは言いがたい。有償ボランティアであるスタッフはボランティア・サポーターを活用できていないし、うまくつなげられてもいない。ボランティア・サポーター同士の横のつながりも薄い。

しかし、当時の米山のやり方を見てきた大倉は、「沼津での経験を応用すれば、これからどんどん活動的になっていくはずだ」と確信している。

「まずは、僕たちスタッフがボランティア・サポーターさんのストレングス（得意）を知らなければならないと思います」

ボランティア・サポーター登録数がある程度増えてきたら、次にやるべきことは、スタッフである有償ボランティアが登録してくれた人たちの得意な部分を知ることなのだ。そして、ボランティア・サポーターがストレングスを最大限に生かして活動できるように取りはからっていく。また、同時に、横のつながりのなかでも、それぞれのストレングスがわかるようにすることも必要だ。現在、大倉は、ボランティア・サポーターが集まるミーティングを開催しようとしている。いろいろな経験を持っている中高年層が多いようなので、どんな人が集まるか今から楽しみだ。

「沼津では、『〇〇くんと一緒に△△の仕事を考える会』というのをやったりしたよ」

センターのスタッフ、堤は言う。たとえば、保育士の仕事に興味を持っている青年がいる。保育士になるためにはどんな資格が必要か、保育士の仕事で大変なこと・楽しいことは何か……そんなことを知りたがっている。こうした知識は、インターネットで検索すればすぐにわかるものかもしれない。あるいは、図書館にでも行って「保育士になるための本」を一冊読めば済むことかもしれない。しかし、あえてボランティア・サポーターのなかから保育士の人、保育士資格にくわしい人を募り、一緒に話をしてもらうわけだ。

こうした会をやることで、同じように保育士に興味のある若者がやって来るかもしれない。保育士に子どもを預けている親が来るかもしれない。あるいは、ただ漠然と「保育士になりたいという若者の話を聞きたい」という人がやって来るかもしれない。

ひとりの悩みや困りごとをオープンにし、複数の出会いをつくり出す。こうすることで、青年は何人ものボランティア・サポーターと知り合うことができる。そして、ボランティア・サポーターも新たな人と知り合う機会を得られる。

「ボランティア・サポーター自身がやりたいと思うことなら、別に就労支援とは関係がない催しをやるのでもいい。それによって、〝ここに来ればやりたいことができる〟と思ってくれればそれでいい」

津富理事長は言う。たしかに、大人になると、仕事と家庭の往復になってしまい、出会いの範囲は狭まるものだ。そのなかで、自分のやりたいことを一緒にやってくれる仲間、それも世代や環境のちがう仲間を地域のなかで見つけるのは至難の業だ。しかし、ボランティア・サポーターのネットワークが「多様な出会いが生まれる場所」になれば、魅力を感じた人が自ら近づいてくる。そして、仲間をつくり、動き出す。

有償ボランティアがほかのボランティア・サポーターの強みを熟知し、さまざまなイベントや催しを繰り出しながら、ボランティア・サポーター同士のつながりをつくり出していく。すると、ボランティア・サポーターの活動は、有償ボランティアが関わらなくても、自然発生的に広がっていくのだ。

INTERVIEW
インタビュー 01

地域で困りごとが解決できるならうちのNPOがなくなったっていい。

「静岡方式とは何か」を考え、実践していく。その先陣を切っているのがセンター長の米山だ。就労支援ネットワークの東部代表として、沼津市以外の市町にも目を配り、各地に「静岡方式」を広げている。「まだまだですね」という米山に、現在の活動の様子を聞いた。

米山 世紀

TOSHIKAZU YONEYAMA

沼津市自立相談支援センター　センター長
NPO法人青少年就労支援ネットワーク静岡　東部代表

働くことのサポートがしたくても資格がなければできないと思ってた

自分自身がうまく働けなかったんですよね。大学を出たあとも正社員就職はできませんでした。知り合いがストリートバスケットを日本に普及させる団体をつくったんで、東京でそのお手伝いをずっとしていました。マネージャー的役割を担っていたんですけれど、途中で「自分の役割はここにはないんじゃないか」と悩んでしまって……。それからはフリーターみたいな仕事をしていました。

そのうちに少しうつ気味になって、実家に帰ろうと、この近辺で就職活動をはじめました。その経緯で、しずおかジョブステーションに行ったとき、自分が中学のころの先生がそこで働いていたんです。

「青少年就労支援ネットワーク静岡というNPO法人のセミナーがあるから、顔を出してみないか？」

そんなふうに誘われました。先生自身が〝ボランティア・サポーター〟だったんです。それでセミナーを見に行ったところ、「ちょうど行政からの予算がつきそうだから、働いてみない？」といきなり言われて、有償ボランティアになりました（笑）。

もともと自分が「働く」ことに苦労していたので、「働くためのサポート」を仕事にしたかったんです。でも、「働くためのサポート」なんて、一般的にはハローワークぐらいしか知りませんよね。ハローワークの職員になろうとしたこともありますよ。でも、やっぱりキャリアカウンセラーの資格などがなければ無理でした。

だから、有償ボランティアに誘われたときはうれしかったです。「資格がなくても、働くためのサポートができる」と喜びました。

一〇のものをひとりで抱えずにひとつか二つの断片に分けてシェアする

当初はわずか七人だったボランティア・サポーターさんも、今や静岡県東部だけで五〇〇人以上になりました。これだけの人たちそれぞれに活躍してもらうのは、本当に難しいことです。でも、自分たち有償ボランティアが、ボランティア・サポーターさんたちをつなげ、いきいきと活躍してもらえるように気を配らないと、「困りごとを地域の力で解決する」ことにはならないので、いつもどうすればいいか考えていますね。

新規の相談者がだいたい月に二、三〇件。そのうち、行政のシステムを利用しなければならなかったり、複数の問題が複雑にからみあってるものは、有償ボランティアであるスタッフが支援していきます。でも、ボランティア・サポーターさんだけで解決できるような相談も多いので、そち

らはおまかせしていますね。事業としては「相談者が仕事に就いて、生活が安定すれば終結」ですが、それでは相談者が地域で孤立したまま。そこから先の「地域での見守り」に関しては、僕たち団体の本領が発揮できるので、ほとんどボランティア・サポーターさんにお願いしています。

たとえば、ひとりの方をサポートするのに、一〇の問題があるとします。これらの問題をひとつか二つに細かく分けて、複雑なもの以外はボランティア・サポーターさんたちにお願いする。すると、ひとりの方に地域の複数の人々が関わることになる。そうすれば、相談者はたくさんの地域の方とふれあうことができますし、ボランティア・サポーターさんたちもひとりの方を支援することによって、ひとつのチームとなって、横同士でつながり合うことができる。

こうしたやり方は、これまで一対一で伴走してきた「静岡方式」のボランティア・サポーターとはちがっているかもしれませんけど、困りごとに応じて臨機応変に変化していけばいいと思います。たぶん、「静岡方式」はそのときどきに応じて、形を変えていったり、応用したりできるものだと思うんです。就労支援を中心にするとさまざまな困りごとに出会います。その困りごとを「地域のおせっかいな人たち」で解決する……この核心だけを守っていればいいんじゃないかと、僕は解釈しています。

将来的には地域の人が自主的に解決していけばいい

僕はまだまだボランティア・サポーターさんたちの気持ちに応え切れていないなと思います。ボランティア・サポーターさんたちが積極的に参加しやすくなるような仕組みづくりをもっともっと考えていかなければいけませんね。

今は、大勢で、ぐちゃぐちゃとやっていて、それがここのおもしろいところだと思いますけど、

「個人情報もあるのに事務所に人が多すぎる」「人が出入りしすぎる」「はじめて来た人が入りづらい」と指摘されることもあります。でも、僕たちは一対一の面談、専門の支援者による支援をやるつもりはないんです。もちろん本人の希望があれば、一対一で相談にのりますけれど、そんな人は一〇人中ひとりいるかどうか。ボランティア・サポーターさんが直接相談を受けることもあるし、相談に来たはずの人がほかの人の困りごとを聞いているときもある。居場所として勝手に来ている人もいて、ここに来ると否応なく手伝わされます。「ちょっと、ネットでこんな求人調べてプリントアウトして！」とか（笑）。ぐちゃぐちゃな空間ですけれど、ここに来れば、自分のことを気にしてくれる地域の人に確実に出会うことができます。

ここに来る人みんながみんな「楽しい」と口にしてくれるのでうれしいですね。自由度が高くて何をやってもいいし、誰からも否定されない。「自立相談支援センター」というお堅い名前なのに、ぐちゃぐちゃにやっているギャップがおもしろいのかもしれませんね。

この場所があることはありがたいですけれど、極端なことを言えば、「場」「拠点」といったオフィス的なものは不要です。居場所がほしいならどこかにつくればいいし、電話は転送して、取れるボランティア・サポーターが取ればいいんです。もっと言ってしまえば、自立相談支援センターがなくなったとしても、地域で困りごとが解決されるならそれでいいと思っています。そうなれば、うちのＮＰＯだって役割を終えて解散ですよ（笑）。

ある日の 静岡県東部ボランティア・サポーター

静岡県東部約500人のボランティア・サポーターに送られるメーリングリストのほとんどはイベント告知だが、なかには「モノを寄付してください」「就労先をご紹介ください」などのお願いごともある。メーリングリストを追っていくだけで、それらのお願いごとがすぐさま解決していく様子がよくわかる。

東部ボランティア・サポーターのみなさま
○月○日に沼津市で行われる「こども食堂」のご案内です。
みなさんのまわりに「勉強したい」「みんなで食事をしたい」というお子さまがいましたら、ぜひお声をかけてください。
また、当日、調理および学習支援をお手伝いしていただける保護者・中高生、野菜などの食材をご提供してくださる方も募集しております。

東部ボランティア・サポーターのみなさま
いつも活動へのご協力・ご理解ありがとうございます。新しい困りごとがあります。情報提供お願いします。沼津市内の母子家庭のお子さんが本日、○○高校に合格しました。(おめでとうございます)
しかし、現状、必要な品が買えなくて困っています。
・制服（女子用、身長160センチ、体型は普通）・靴・学校用品
地域の未来を担う若者の困りごとに、ぜひご協力をお願いいたします。

東部ボランティア・サポーターのみなさま
いつもありがとうございます。夜分に失礼します。本当に多くのお返事をいただきありがとうございました。サポーターさんの思いの大きさに感動いたしました。また後日、ご本人の言葉もいただきたいと思いますが、ひとまずお礼のメールをさせていただきます。
ありがとうございました。今後ともよろしくお願いいたします。
●ご協力いただいたもの
・入学祝い・制服・文具やタオル等・自転車・学用品の問い合わせ
・靴のプレゼント

東部ボランティア・サポーターのみなさま
いつも活動へのご理解ご協力ありがとうございます。知り合いのおじさん（前職の同僚）がいるかもしれないとの便りだけで東北から沼津に来られた男性がいらっしゃいます。生活保護でアパートはなんとか借りられたものの生活保護費が出るまで１カ月かかります。
家電をそろえる十分なお金はもらえません。今はアパートに布団だけです。食べものはフードバンクで少しお渡しできています。
（何もないのでお湯もわかせません）
①もし不要な生活家電・日用品がありましたら譲っていただけないでしょうか？
・冷蔵庫・ガスコンロ・洗濯機・電子レンジ・電気ポット・テレビ
・そのほか生活用品……などなど
②また、沼津に定住して生活したいとのことで介護職（資格はまだ持っていない）を希望しています。お近くで求人がありましたら教えてください。

東部ボランティア・サポーターのみなさま
いつもお世話になります。東北から来た男性の件、ご報告いたします。すばらしい結果となりました。な、な、なんと３日で生活用品ほとんど全部そろいました!!（あとガスコンロがありません）
ありがとうございます。
電気ポット、タオル、食器、冷蔵庫、トースター、炊飯器、椅子、生活用品、自転車……ありがとうございます！
最後に、洗濯機どうしようかなーと考えていたときに、メールが届き「洗濯機ありますよ」と……涙
このスピード感と思いやりのネットワーク、安心感を多くの人に知ってもらいたいと本当に思いました。
ご本人もすごく喜ばれて早くみなさんに恩返ししたいとのこと。就労への意欲にもつながっています。今後ともよろしくお願いします。

東部ボランティア・サポーターのみなさま
いつも活動へのご理解ご協力、誠にありがとうございます。私たちがサポートしている沼津の若者が赤ちゃんを無事出産されたそうです。（おめでと～パチパチ）しかし、あまり余裕のある生活でないため、不要なベビーカーがあれば寄付してほしいとのお願いがありました。彼女は結婚する前、何度も職場を変えながらも、明るく元気に働くことに挑戦をしていた方です。
若いご夫婦の応援、よろしくお願いいたします。何か情報がございましたらご連絡ください。

東部ボランティア・サポーターのみなさま
いつもメールのお返事ありがとうございます!!
ベビーカーの件ですが寄付をしてくださるとのご連絡を、沼津のサポーターさんからいただきましてお困りごと解決いたしました。
みなさまのご協力に感謝申し上げるとともに、子どもを授かったご家族が、私たちサポーターとともにずっと支え合いの地域で幸せに暮らしていくことを祈りご報告とさせていただきます (^-^)

東部ボランティア・サポーターのみなさま
とある事情で旦那さまと一緒に生活できなくなり、小さなお子さんを連れて急遽お引っ越しをされたため、生活用品が足りておりません。特に冷蔵庫・洗濯機を急ぎで募集しています。
お子さんがぜんそく持ちのため、洗濯は必須でコインランドリーを毎日利用されています。洗濯機がありましたらうれしく思います。

東部ボランティア・サポーターのみなさま
たくさんのお申し出ありがとうございます。洗濯機・冷蔵庫をはじめ生活用品をくださるとのお申し出をいただき、困りごと相談された方にお渡しできそうです。順次、ＮＰＯ法人青少年就労支援ネットワーク静岡・東部担当よりご連絡差し上げますので今しばらくお待ちください。みなさま大変ありがとうございました。

東部ボランティア・サポーターのみなさま
いつも活動へのご理解・ご協力ありがとうございます。
今度、○○中に入学する女の子がいるご家庭のご相談です。
いろいろ譲り受けて入学準備ができたのですがジャージだけがありません。
困っているので情報をください。よろしくお願いします。

東部ボランティア・サポーターのみなさま
○○中学のジャージの件ですが３人の方からお返事をいただき、それぞれご本人に紹介者を通じてお伝えさせていただいております。いったん、報告とさせていただき、また情報があればよろしくお願いいたします。
・知り合いの子が卒業するから、それを譲り受けられそうだよ。
・学校関係の仕事だったので、本人の代わりに学校に聞いてみようか？
また、中には「最後まで見つからなければ買ってプレゼントすることも考えているので、まずはご本人を安心させてあげてください」というようなお返事もいただきました。

明後日あらためてご本人にお会いするので、みなさまのあたたかい思いをしっかりお届けさせていただきます。

すごいです、ボランティアネットワーク。まずはご本人になりかわって、メールを見ていただいたすべての方に感謝申し上げます。

東部ボランティア・サポーターのみなさま
いつも活動へのご理解・ご協力ありがとうございます。

【母子家庭の引っ越しお手伝いボランティア募集】

離婚され１歳の子を育てながらお仕事をがんばっている30代の女性です。会社もよくしてくれてるのですが、どうしても子どもの都合で仕事を休まなくてはならない日がつづいたため、家賃が滞り、引っ越しを余儀なくされてしまいました。

会社の方の協力で新しい家を見つけることはできたので、あとは引っ越しだけとなりました。

【詳細】
○○月○○日（土）
時間は集まれるみなさんの都合で決めようと思います。みんなでやれば２往復ぐらいで終わると思います！　車で15分ぐらいの近場の引っ越しです。（１階から１階の引っ越しなので比較的楽です♪）
荷物は……冷蔵庫、洗濯機、ダブルベット、洋服ダンス（子ども用）ほか段ボール10〜15個ぐらいです。お手伝いできる方は電話かメールでご連絡ください！（軽トラ、大きい車出してもらえる方大歓迎、お手伝いだけでももちろんOK）何卒よろしくお願いします。

東部ボランティア・サポーターのみなさま
先日お知らせしていただいた母子家庭さんのお引っ越しお手伝いに参加できるよ〜ってたくさんご連絡をいただいておりました。
理事長まで（゜o゜;;　ありがとうございます〜。
土曜日、無事トラック２台ですべて終了することができました^^
みなさんが「行くよ〜」って言ってくれてパワーをいただきました！
男性の力で大荷物がどんどんトラックへ^^
若いお母さんも「次に地域の方が困ったら仲間に混ざります」と言ってくださいました。ありがたいです本当に。
出会うことから何かができて、仲間が増えていきます。これも静岡方式ですね。

資料

理事長から有償ボランティアへのメッセージ

就労支援ネットは当初、無償のボランティアだけで運営されていたが、行政からの事業を受託しはじめたため、事業スタッフ、つまり有償のボランティアが増えてきた。一般的に事業スタッフは、事業を回す（＝事業窓口を訪れた当事者へ支援を行う）ものだが、就労支援ネットでは「事業スタッフは基本的に支援を行わない」「支援は無償のボランティアが行う」ことになっている。

有償ボランティアのみなさんへ

津富　宏

支援イメージを徹底して共有します。自分のイメージとずれていたら、見直すのは苦労かもしれませんが、本気で支援の仕方を見直してください。

「有償ボランティアの役割」
・フルタイムのボランティア・サポーター開拓員
・ボランティア・サポーターのサポーター（保護司に対する保護観察官の役割）
・相談者と（複数の）ボランティア・サポーターを出会わせる人

※就労支援ネットがお手本にしている保護司制度において、保護観察官は、対象者と保護司に初日に一回会うだけです。定期的に（二週間に一回）会うのは保護司なのです。

「自分で支援しない　できるだけ自分でやらない（ある意味手抜きをする）」
・あくまで、ボランティア・サポーターにやってもらう
・相談者は「地域（＝より多くのボランティア・サポーター）に返す」ということ
・ただし、絶えず、気にかけ続ける
・無責任体制にならないようにする
・ボランティア・サポーターの中にまとめ役がいればよいがいなければ自分がまとめ役をする

「相談者（対象者）により多くの人と出会ってもらうことを大切にする」
・一人ひとりの相談者の応援者を増やす
・相談者を支える人を増やすことが正しい支援ができていることを示すひとつの物差し
・もうひとつの物差しは、ボランティア・サポーターが単に話を聞くとか悩みを聴くだけではなく、「ストレングスを見出す」「きっかけをつくる（縁につなげる）」、つまり、「動きを創りだす」（たとえば、伴走する）を実践していること

「ひとりの相談者に関わるボランティア・サポーター同士の輪をつくる」
・ボランティア・サポーター同士には知り合いになってもらう
・ボランティア・サポーター同士が、連携・連絡し合いながら、支援できる状況をつくる

「（事業拠点のない）地域にもボランティアグループをつくり、地域の相談者は地域のボランティア・サポーターで面倒を見るという（自立した）体制をつくる」
・事業がいつなくなってもよいように、団体として、支援能力がより強化されている状況をつくる

「ボランティア・サポーターによる支援はＮＰＯによる支援」
・よって、対象者は、受付時点ですべてＮＰＯに登録する
・個人情報保護はきちんと行う

沼津を中心とした 静岡県東部における ボランティア・サポーターの広がり

資料

step 1

核となるボランティアが数名しかいない初期状態

step 2

ボランティアは就労支援の伴走過程で、協力者にボランティア登録をお願いする。

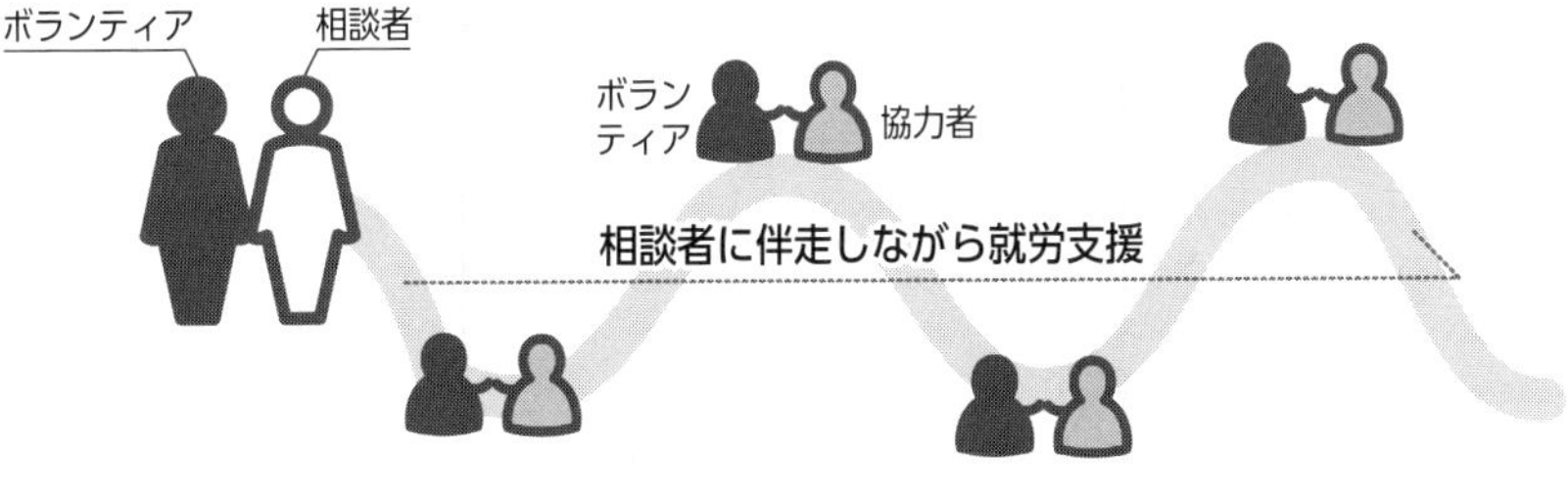

step 3

ボランティア登録者全員へメーリングリストを送付。地域の困りごとを共有する土壌をつくる。

step 4

ボランティア登録者の得意なこと、やりたいことがわかるように、ボランティア登録者が集まる機会をたくさんつくる。

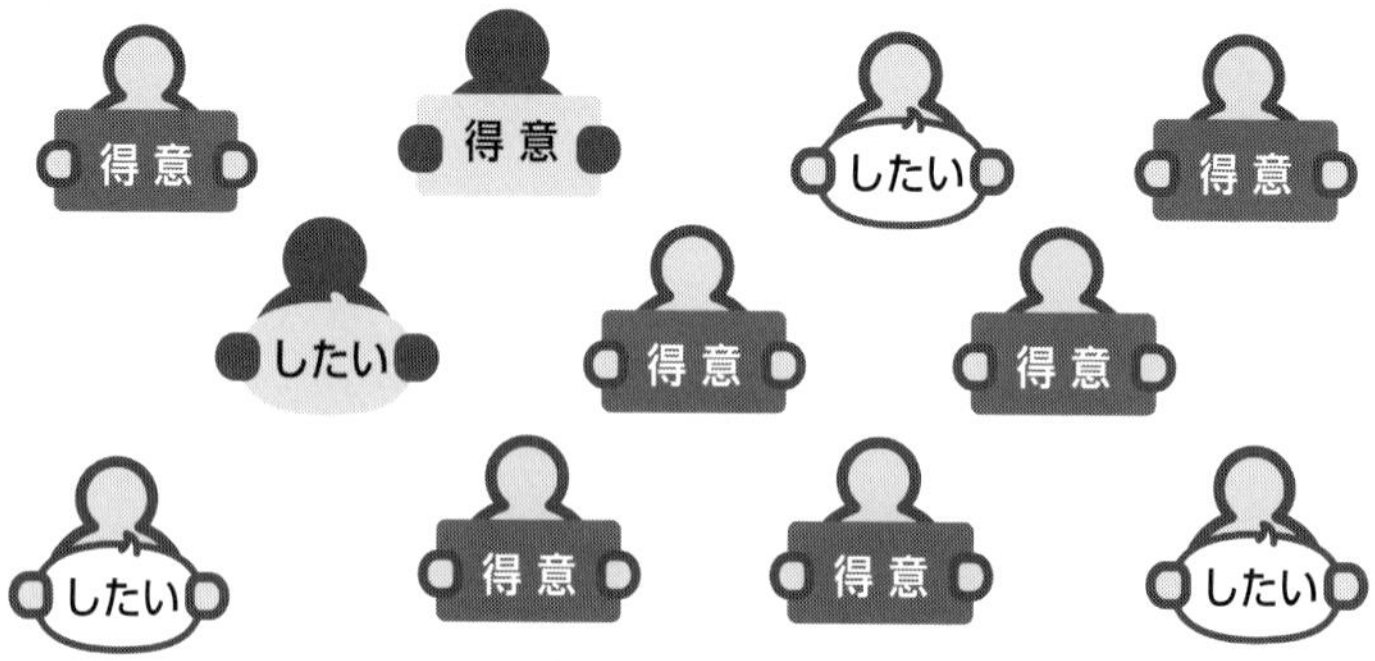

step 5

支援する人は「困りごと」に直面したときボランティア登録者の誰に頼めばよいかわかるようになり、「困りごと」を分かち合える。

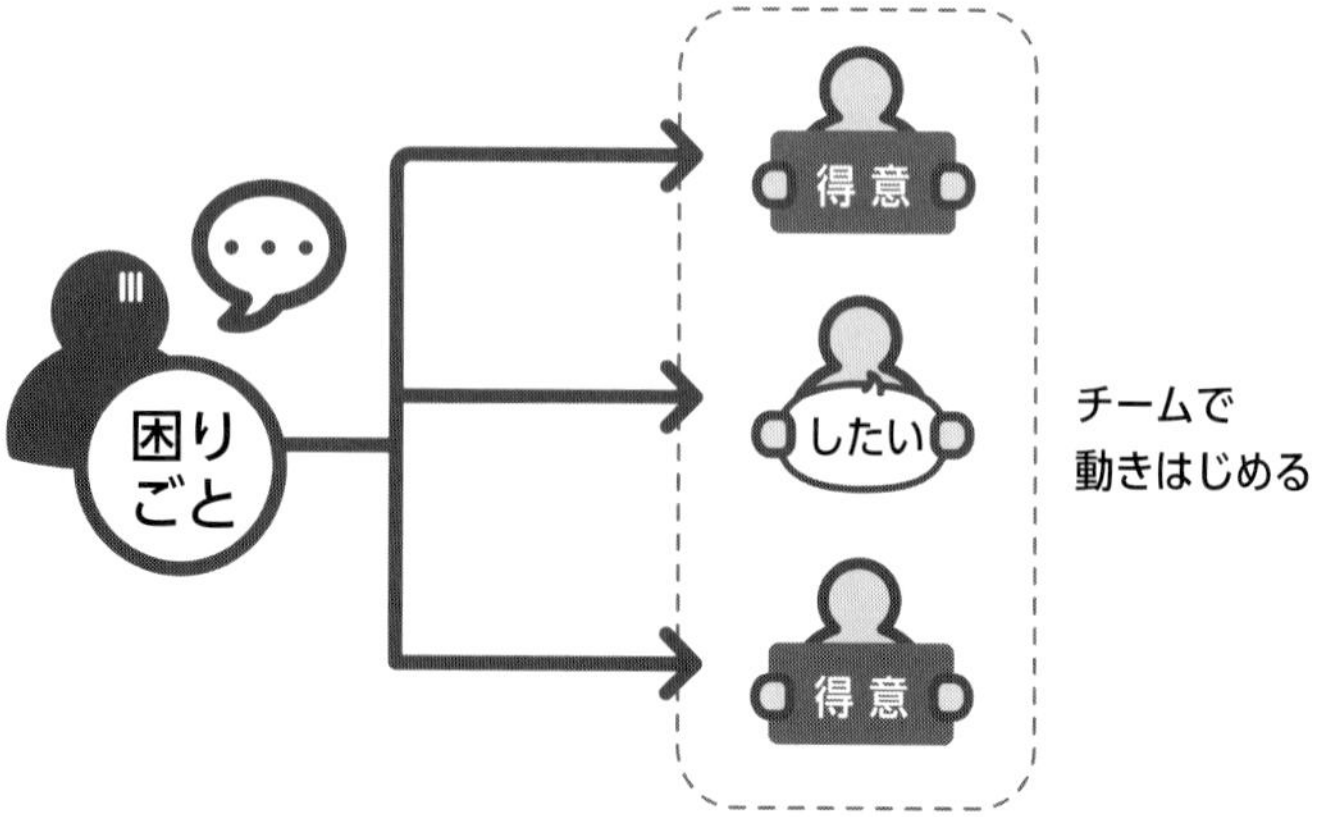

step 6

「困りごと」を中心としたチームがたくさんできる。
ボランティア登録者は「困りごと」を解決するために、
新しい協力者にボランティア登録をお願いする。

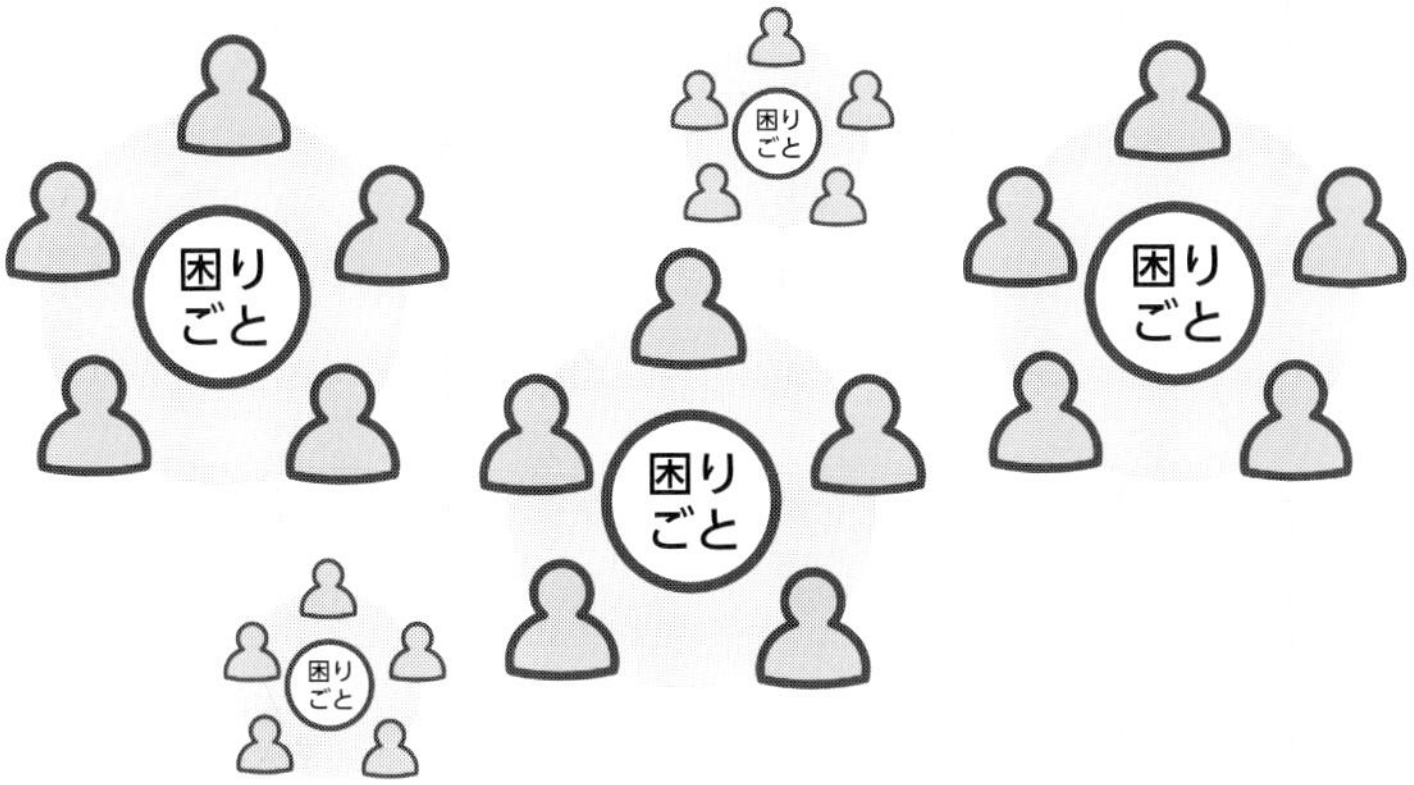

step 7

「困りごと」を真ん中に人と人とがつながり、
そのつながりが地域を覆い尽くす。

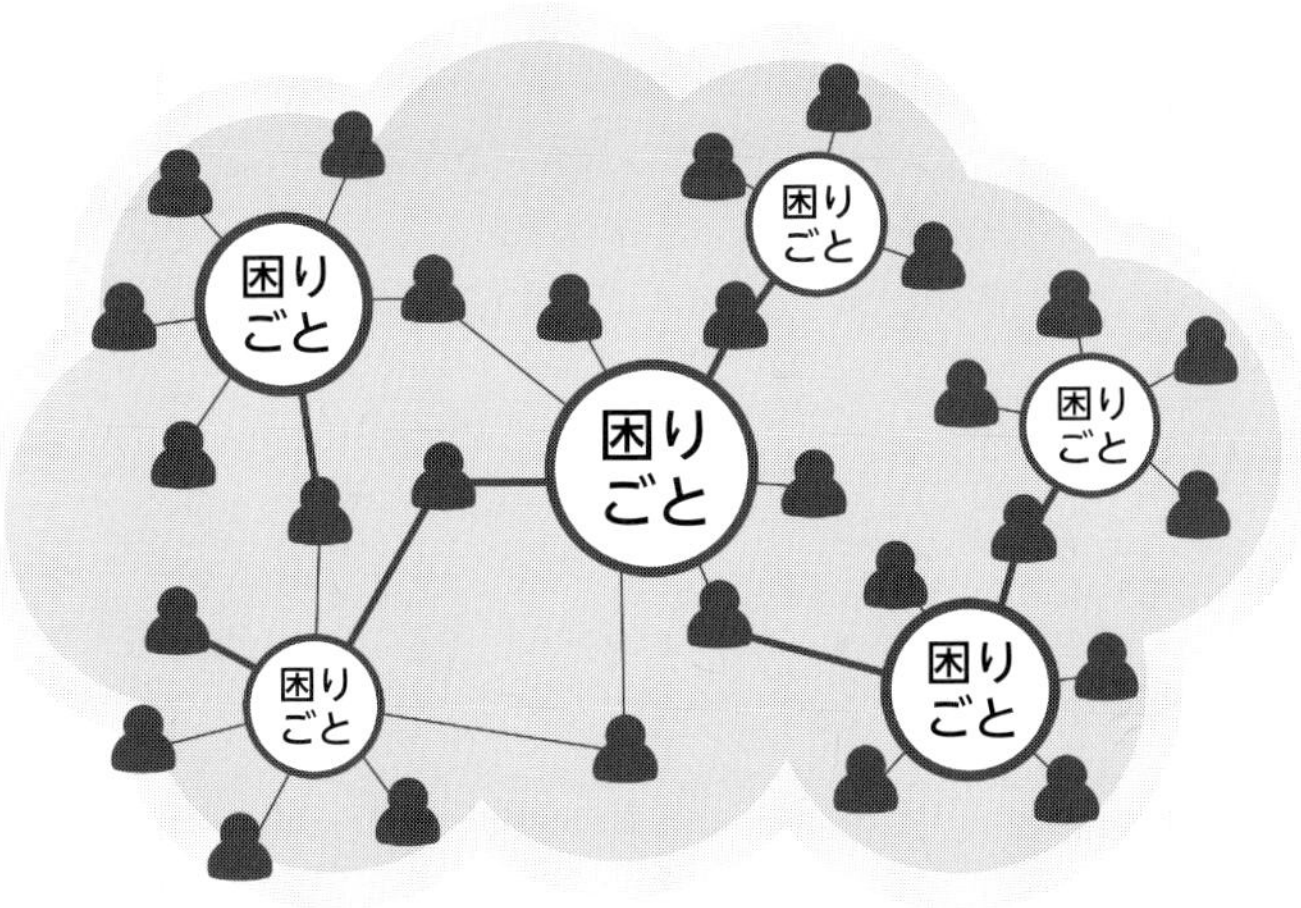

INTERVIEW
インタビュー 02

有償ボランティアは「つなげる」のが仕事

支援ネットのボランティアは、有償と無償の二つに分けられる。有償ボランティアは支援ネットが受託する事業を担当しながら、無償ボランティアがいきいきと活動するための手伝いを行っている。具体的にそれはどんなものなのか。沼津のセンターで働く有償ボランティアに話を聞いた。

堀部 秀幸 サポーター（伊豆担当）

磯村 拓也 事務・広報

尾朝健太郎 ふじのくに生活困窮者自立支援コンソーシアム

堤 絵理 就労支援員

静岡方式との出会い ボランティアとしての関わり

――NPO法人青少年就労支援ネットワーク静岡で有償ボランティアになられた経緯を教えてください。

堀部 もともとセンター長の米山くんと地元の知り合いなんです。四年ぐらい前に一度「一緒に働かない?」と誘われていたんだけど、そのときは断っちゃった。実家が呉服屋なのでそれを手伝いながら、片付けの仕事、学童保育の仕事、週に一回ぐらいの割合でカラオケ屋でアルバイト……というふうに掛け持ちで仕事をしていたので、これ以上仕事を増やせないと思ってたんです。でも、一、二年後にまた誘われて(笑)。まぁ、初対面の人と会っていろんなことを話すぐらいなら、嫌いではない。だから、やってみてもいいかなと思い、働きはじめました。

磯村 僕はもともとこのNPOの利用者なんです。四年くらい前に、米山さんにすごくお世話になりました。そのときは無事就職できて働いていたんですけれど、あまりにも給料が安いので、一年半ぐらいでやめてしまいました。そのタイミングで、米山さんから「手伝ってほしい」と言われ、事務作業、チラシづくり、HPづくりを手伝うようになって、現在にいたっています。

尾朝 僕はもともと社協(社会福祉協議会)で働いていましたが、「もっと困っている人に手をさしのべたい」という思いを抱えていました。

そんなとき、理事長の津富先生の話を聞いたんです。

「そこに困っている人がいたら、自由に、すぐに、誰にも気兼ねせずに、直感で動いていい」

そんなふうに言うものだから、すぐにボランティア・サポーターになり、今にいたっています。

堤 私の場合は……話が長くなっちゃうんですけど(笑)。

以前は食材宅配の仕事をやっていたんです。糖尿病専用の食事や介護食を届けるのが仕事です。私が受け持っていた人のなかには、足を失ったおじいさんやひとり暮らしのおばあさんもいて、生活がとても不自由そうだったんですね。それで、仕事がお休みの日に、子どもを連れて、遊びついでにその人たちのところに行ってたんです。でも、上司から注意されちゃいました。「配達担当者は勤務時間外に顧客と会ってはいけない」という規則を破っていたからです。それで、「おじいさんやおばあさんの家に遊びに行けないなら、私、仕事やめます」と啖呵を切ると、その上司は「悪いことをやっているわけではないと思うよ」となだめてくれました。

「そういうことをやっている団体があるから、セミナーに行ってみたら?」

そんなふうに上司に言われて、就労支援ネットのセミナーに参加したわけです。そこで、NPOを通じて就職していった若者の体験談を聞いて、

「自分のなかにある人情に忠実に
助けたい人を助けられる。
だから、仕事をしていて
とても楽しい」
尾朝健太郎

「ここのボランティア・サポーターになろう」と思いました。だって、若者が言うんですよ。

「いろいろな人がいてくれたから、がんばれた」

あぁ、私自身もそうだったなぁと心に響きましたね。

相談相手になること相談相手を増やすこと

――どんなことに気をつけて活動していますか？

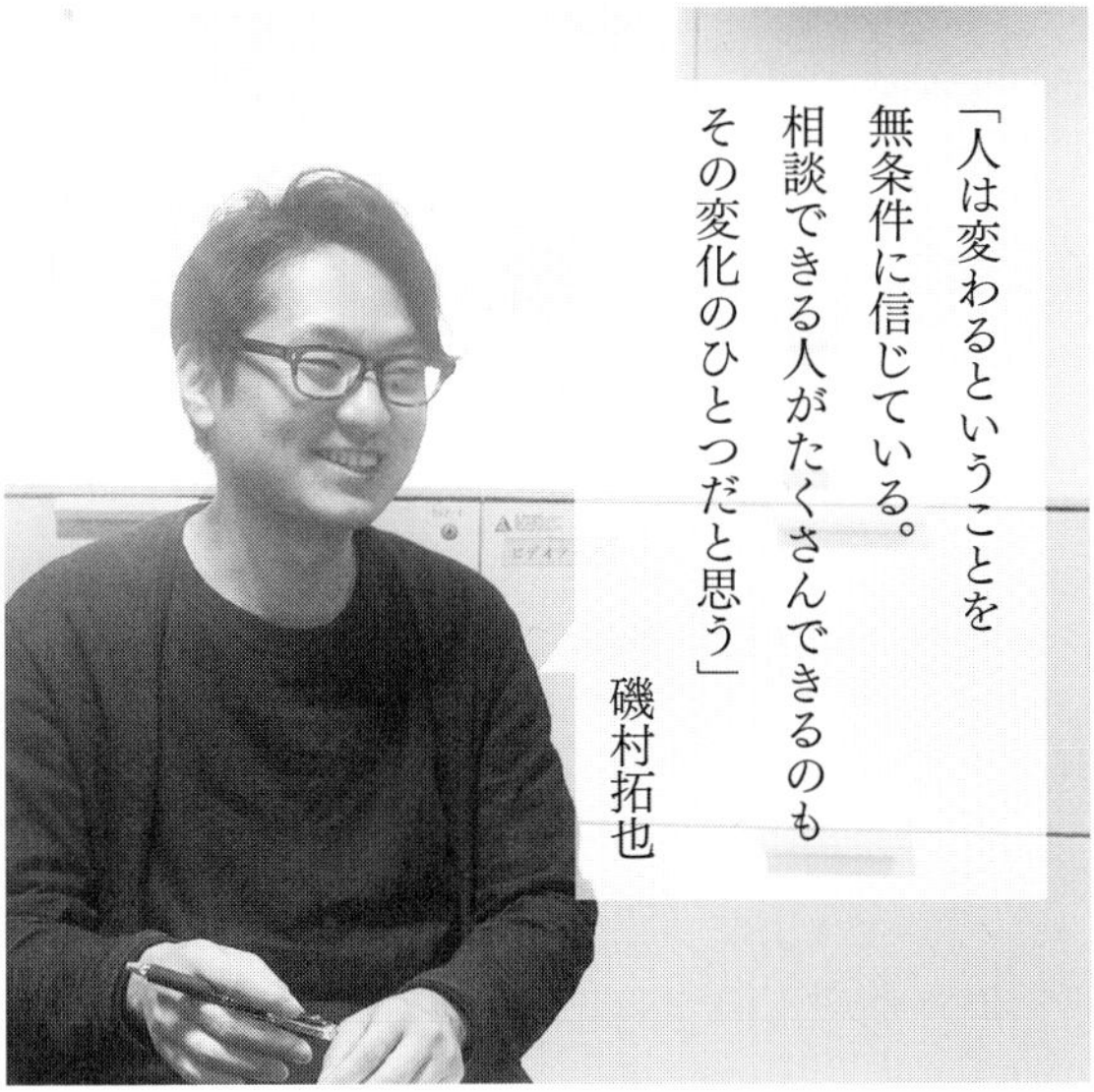

「人は変わるということを無条件に信じている。相談できる人がたくさんできるのもその変化のひとつだと思う」

磯村拓也

磯村　自分の体験としてすごくありがたかったのは、一歩を踏み出す支えになってくれたところです。自分ひとりで就活していると、どうしても一歩が踏み出せなくて、なかなか応募できなかったんですけれど、そうした自分に対して、ほんの少し背中を押してくれる……そこが僕にとってはとてもよかったんです。

一方、自分でそうしたことができているかというと……うーん。むしろ、若者たちと友だち感覚で接していることが多いですね。年上の大人には言いにくいことを話してもらうという感じです。自分がひきこもっていてゲームばかりやっていたことも率直に話すし、共通する話題も多いので、そこで信頼感を持ってもらえるとうれしいです。

堀部　僕も、「友だち感覚」を大事にしたいと思っています。悩んでいる人、不安を抱えている人のほとんどは友人がいないので、いかに相談相手になれるかが重要なのではないかと思います。

自分が担当している地域は高齢者が多いんで

す。でも、役所や社協の人に、「あの方は堀部さんだとよくしゃべる」と言われます。うれしいですね。専門的なことはわからないけれど、自分のことを理解してもらおうとするのではなくて、相手をまず理解しようとすると、みなさん意外に話してくれるんですよね。

堤　何十年もひきこもっていた若者を、堀部さんが沼津のフォローアップミーティングに連れてきてくれたじゃない？　あれ、うれしかったなぁ。

堀部　彼はほとんど何も話さない人。フォローアップミーティングのお誘いは何度もしていたけど、いつも断られてた。今回は前々日に電話したらOKしてくれました。

磯村　僕は堤さんを見ていつも勉強してますよ（笑）。若者グループが二つあって別の話をしているときでも、何かしらの共通点を見つけて、その二つをくっつけちゃうでしょ？　ひとりぼっちの人がいても、その人をうまくグループに入れてあげたり……。

堤　私たち有償ボランティアは「つなげる人」だからね。その人の良さをボランティア・サポーターに紹介する役割なんだと思う。やっぱり、その人とボランティア・サポーターさんが主体で、私たちはおまけ。私たちが主体になってはいけないと思うんだよね。ボランティア・サポーターさんが気持ちよく活動してもらえるように、つなげていかなくちゃね。

尾朝　そうですね。学習支援をやっていると、新しいボランティア・サポーターさんを含めて、いろいろなボランティア・サポーターさんがやって来るけれど、知らない人同士を結びつけて、みんなが楽しくやってもらえる環境をつくるように、意識してやってます。

うれしい驚きは関わるみんなが引き起こす

尾朝　一緒に働くようになってビックリしたの

は、米山さんと堤さんのスピード感ですね。特に、堤さんはずっと動いてる。はじめて相談に来た人をそのまま車に乗っけて、車中でその人の悩みや不安を聞いているうちに、いつの間にか面接場所についている（笑）……それぐらいスピードがあります。

「堤絵理としてお願いしたほうが受け入れてもらいやすい。静岡方式は究極のコネ活用かもしれない」
堤 絵理

堤　みんなビックリするよね。私もビックリ、本人もビックリ（笑）。でも、その人の「働きたい」という思いを中心に、みんなで「ビックリ」を引き起こすんだよね。

　みんな挫折してきた人ばかりだから、「コレが苦手」「あれはできない」とネガティブな話ばかりになっちゃうんです。みんな、好きなことも得意なことも自分では気づいていないんですよね。でも、助手席からちょっと窓を拭いてくれたり、車に乗るとき「お願いします」と礼儀正しかったり。車だと一人ひとり振る舞いがちがうから、その人のいいところがすぐわかるの。

「近いから、友だちがやっているお店に行こうか」と、その人を連れて行ったときには、その人が車のなかでどんなにいいことをしてくれたかを友だちに言うんです。

「こういうことをしてくれたんだよ。〝いい人〟だよね」

「それはすごい！　うちにもそういう人がほしいんだけど、ここで働いてみない？」

友だちももちろんボランティア・サポーターだから、気持ちよく迎えてくれる。すると、その人も「また、あのお店に行きたい」「あそこで働く練習がしたい」と言ってくれるようになる。そうなると選択肢がすごく広がるんです。

「最終的にはあそこのお店にお願いするとして、ほかに見ておきたいところはある？」

「苦手だって言ってたところも見るだけ見ておく？」

そんなふうに言いやすくなるんだよね。

尾朝　もちろん堤さんのキャラクターもあるんだと思うんですけど、堤さんがつねに動きまわって人と会っていて、会社の雰囲気や社員さんの様子など、いろいろなボランティア・サポーターさんのことが頭のなかに入ってるから、このスピード感だと思うんです。「あそこの会社にはああいう社長さんがいて、こういう社員さんもいるから、

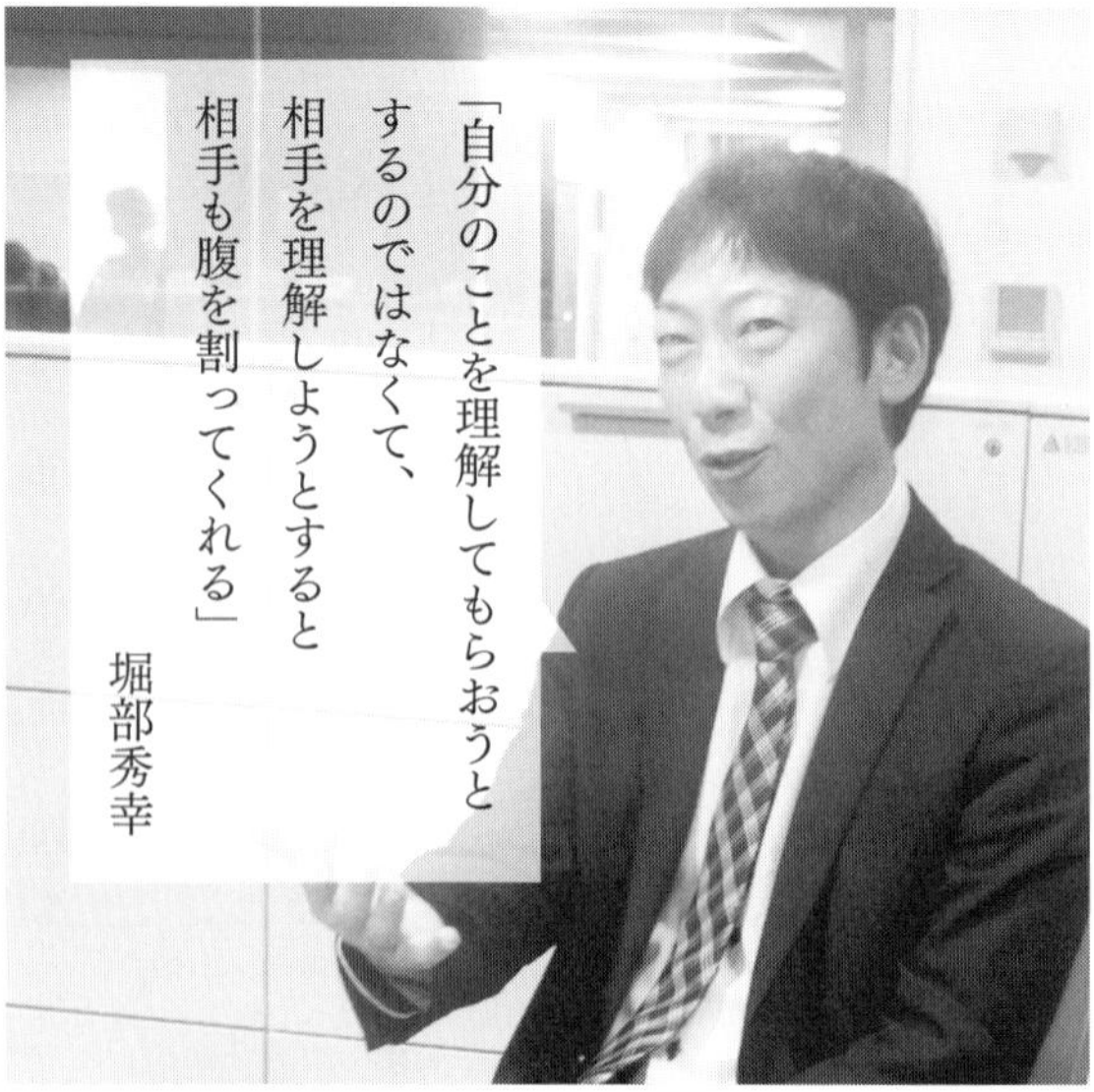

「自分のことを理解してもらおうとするのではなくて、相手を理解しようとすると相手も腹を割ってくれる」
堀部秀幸

この人にはぴったりじゃないか」と、すごいスピードでマッチングできるんだと思います。

堤　〝仕事〟だと思ってかしこまらないのがいいのかなぁ（笑）。就労をお願いするときも、相談者のことを「近所の人なんです」と言ったりする。

同じ市内に住んでるんだから、ウソではないでしょ？（笑）「センターのスタッフ」という肩書きではなくて、「堤絵理」として行ったほうが受け入れてもらいやすい気がするなぁ。コレを〝仕事〟としてやったら、「アポも取らないで来るなんて」「なんでスーツ着てないの？」「働きたいというのに履歴書も持ってないの？」と怒られちゃうと思う。

「静岡方式」は〝仕事〟ではないんだよね。なんだろう？　究極のコネ活用かな（笑）。

バラバラな人が集まる雨宿りできる「軒先」

——静岡方式を導入したいと考えている全国の市民の方にメッセージをお願いします。

堤　悩みがない人はいないし、すぐに解決できる問題ばかりでもない。なんにも手段がないと思うとしんどくなるけれど、ここに来れば誰かしらが話を聞いてくれる。「こういう方法もあるんじゃない？」と提案してくれる。誰かが話しかけに来てくれる。こんなふうに、ちょっと気軽に雨宿りできる「軒先」が全国にたくさん増えればいいなと思います。

磯村　僕は自分の経験もあって、「人は変わる」と無条件に信じているんです。今は大変かもしれないけど、「そのうち変わる」という確信があります。いろいろと失敗するかもしれないけど、相談できる人がたくさんできることは支えになります。それも変化のひとつだと思うので、前向きに進んでいける力になればいいなと思っています。

尾朝　僕は最近確信していることがあるんです。それは、「いい人」の背後には、必ずほかの「いい人」がいるということです。地域の「いい人」探しをするときには、一人ひとりをしらみつぶしに探し出さなくても、「いい人」がひとりいれば、その人がほかの人を引っ張ってきてくれます。そんなふうにして、仲間を少しずつ増やしていくといいのではないかと思います。

堀部　ボランティアという機会でもないと出会えない、世代も趣味も考え方もバラバラの人たちと出会えるのもひとつの楽しみですね。こんなにもバラバラな人たちが、何かひとつの目標に向かって集まるなんて、ふだんではなかなかできない体験だと思います。いろいろなところに行って、いろいろな人に出会って、ハプニングもふんだんにあって（笑）、楽しいですね。イヤなところがひとつもない。

堤　それはそうかもしれない。ここまでが仕事で、ここからが自分だという区切りがないから、ずっと自分のままでいられる。すごく楽です。

尾朝　僕も本当に楽しいです。困っている人を助けたいと思ったときに助けられる。人情に忠実に活動できるという自由さが僕には合っている気がします。

「困りごと」もみんなで持ち寄ればなんとかなる――ボランティアの集まり「サポぬま」

ボランティア・サポーターのひとりが、米山のことを心配していた。薄く広がったボランティア・サポーターの数はどんどんふくらんでいる。自主的に何かをやりはじめようとするボランティア・サポーターも出てきているものの、ボランティア・サポーターそれぞれの活動に対する悩みは、センター長である米山のもとに集まってくる。その数は膨大で、米山ひとりが相談にのっているだけでは処理できない。ましてや、米山自身もセンターの雑用を山のように抱えながら、かつNPOの静岡県東部代表として、沼津以外の市町にも目を配らなければならないのだ。

「このままじゃ、米山さんが燃え尽きてしまうんじゃないか」

そんな不安を抱えていたのが、小和田尚子さんだ。

小和田さんはもともと、市民活動を熱心に行ってきた人でもある。「沼津子ども劇場」に参加しながら、そこから派生した「ハハヂカラプロジェクト」、認知症予防ケア運動など、積極的に活動していくなかで、就労支援ネットの「静岡方式」と出会った。

そして、ほかのボランティア・サポーターとふれあうなかで、ボランティア・サポーター自身の悩みごと、困りごとを聞いた。困っている人を支える側も「困りごと」を抱えていたのだ。

「お金に困っている人もいるし、障害に困っている人もいる。子育て、就職、介護……。それらの悩みを米山さんのもとに集約するんじゃなくて、さまざまな困りごとを寄せ合って、ボランティア・サポーター同士が支え合えばなんとかなるんじゃないかと思ったんです」

小和田さんはそんなふうに言う。

そこで、小和田さんは、ボランティア・サポーターの集まり「サポぬま」を月に一回開催することにした。ボランティア・サポーター登録している者なら、誰もが来ることができるミーティングだ。すると、二〇代から七〇代までのさまざまな人々が二〇人前後、集まってきた。テーマは決めていない。話し合いや会議も行わない。「困りごと」を持っている人々が集まり、ワークショップ形式でその「困りごと」をシェアする。

「そのときどきに困りごとを持っている人が来るので、メンバーは流動的です」

あるときは、東京から引っ越してきたばかりの人がやってきた。

「市の広報って、みなさんどうやって手に入れているんですか？」

沼津市では、各地域に自治会があり、そこに参加すれば回覧板とともに市の広報誌がもらえる仕組みだ。ところが、引っ越したばかりで、自治会の存在を知らなければ市の広報誌はもらうことができない。

「〝おかしい〟と気づくのは必ず外から来た方。ずっとここに住んでいると、そんなことで困っているなんて思いつかないですよね」

些細かもしれないその「困りごと」をみんなで話し合い、市の広報誌が誰でも手に取れるような仕組みを考えた。

あるときは、葬儀会社を営む人がやってきて、近隣で孤独死が出た場合の手続きと葬儀のやり方についてレクチャーしてくれた。あるときは、障害児専門の歯科医がやってきて、障害児の特徴について教えてくれた。

「〝困窮家庭の児童のために学習支援をやりたい〟と話していたら、その人のテーブルに偶然大学の教授がいて、〝もう、このテーブルの人だけですぐに学習支援できちゃうね〟と意気投合することもありました」

「困りごと」はこの場ですんなり解決することはないかもしれない。でも、それでいい。困っている人は、聞いてくれる人の存在に少しだけ肩の荷を下ろすことができる。

「困ったときに話をする場所があるということ」

困りごとを非難しない。聞いてくれる。複数の人が解決手段を考えてくれるし、自分も誰かの支えになれる。これが、どれだけ人を楽にするものだろうか。

「私自身の困りごとに対しても、〝ねえ、こういうときどうしたらいいと思う?〟と聞ける仲間が増えたことが、何よりうれしい」

小和田さんはこう言う。

「生活困窮者」という行政に名づけられた属性ではなく、「困りごと」を中心に、地域で仲間をつくり、行政に提案したり、市民自身で活動して解決していく……サポぬまは、そんな活動の拠点になりはじめている。

市民のチカラ「サポぬま」facebookページ

INTERVIEW
インタビュー 03

サポぬまからたくさんの自助グループを生み出せればいい。

「小和田さんに聞いてみようか」そんな声がつねに上がるほど、小和田さん自身顔の広い人である。そして、人と人の出会いをつくり出すことに長けている。ボランティア・サポーターのリーダー的存在となっている小和田さんに、地域のこと、サポぬまのことを聞いた。

小和田 尚子

NAOKO OWADA

沼津子ども劇場
ハハヂカラプロジェクト
サポぬま

すべての問題の根源にあるのは「孤立」

私は、「ハハヂカラプロジェクト」という（市民）活動をやっていて、そのひとつとして子どもがひきこもりになってしまっていたり、子どもとの関係に悩むお母さんたちへの支援で、ワークショップなんかをやってます。

最初はお母さんたち対象のものだったのですけれど、今はその対象を高齢者の方にも広げています。実は、お年寄りのひきこもりは意外と多くて、地域では大きな問題になっているんですね。同年代の友だちがどんどん外へ出なくなっていくと、自分もまったく外に出なくなる。肉体的に外に出られなくなる時期が同じなので、みんながいっせいに外に出なくなるわけです。こうした状況を見ていると、世代のちがう友人がいないとダメだと思いましたね。

子育て期の悩みもまったく同じです。子どもを育てているお母さんはみんな孤独を感じている。だって、自分の友だちは働いていたり、同じく子育てに忙しいから、話す相手はいませんからね。きっと、近所にいるおじいちゃんやおばあちゃんに相談できれば、孤独は解消されるはずなんです。だから、「ハハヂカラプロジェクト」では、世代を超えたつながりをつくり出そうとしているわけです。

私の実家はもともと不動産業を営んでいて、年末になると住まいを追われた方がよくいらっしゃいました。市役所が休む年末年始に限って、住むところのない人がやって来る。「じゃあ、市役所が開くまでは空きアパートに入ってもらおう」と両親はよく世話をしていました。リーマンショックのときは、派遣切りの方もたくさん来ましたよ。仕事がなくなると同時に寮から追い出されるので、行くところがなくなってしまうんですよね。管理者なので、孤独死された方の現場検証に立ち会ったりしたこともあります。だから、私はわりと貧困について考える機会が多かったと思います。

こうした私自身の体験から、貧困も子育ても、そして高齢者も問題の根っこは同じで、「孤立」なんだと思いました。

「静岡方式」を知ったとき、この団体の問題意識が私ととてもよく似ていると思ったんですよ。

「困っている人がいるなら、地域の人が支えればいい」

すごく共感できましたね。

ひとりの「困りごと」がみんなのものになっていく

昔の暮らしは、「お醤油貸して」「うちの子を見ててくれない?」と日常から助け合っていたとよく言われます。ただ、今、現実的にそこまでの暮らしに戻れるとは思っていません。それぞれにプライバシーがあるから、「ここから先は立ち入らないでほしい」と思う一線を崩してはいけない。とすると、「ただ話をする」くらいがちょうどいいんじゃないかと思うんです。そこで、「地域の井戸端会議になればいい」と思って、サポぬまをはじめました。

平和に暮らしているように見える人だって、みんな悩んでいる。その悩みをめったやたらに言ってしまうと噂が拡散して余計に自分の心を傷つけてしまうから、結局誰にも言えずに孤立してしまう。でも、サポぬまだったら大丈夫。ここは困っていることを言いやすい場になっていると思います。

「こういうことに困っている人がいるんですけれど、どうしたらいいでしょうか?」

みんなに訴えたいのはただそれだけですけれど、こうすることでひとりの「困りごと」がみんなの「困りごと」になっていくでしょ? 子育てのことで悩んでいた人も、障害者の困りごと、高齢者の困りごと……を知って、目線がグンと広がるわけです。私自身もたいへん勉強になっています。

最初はここでひとりで声を上げていた人も、賛同者を得て、グループをつくって活動していくようになってきました。こども食堂を立ち上げたグループも、最初は「こども食堂をやってみたいけどどうしたらいいかわからない」とひとりが言い出したのがきっかけです。すると、賛同者が名乗りを上げて、「この人を巻き込んでみたら？」「場所はあそこがいいんじゃない？」と情報をくれる人がいて、あとは勝手に動いて、活動しています。

助けたり助けられたり対等の友だち関係

私は、「アンチ福祉」なんです（笑）。福祉の世界にいると、「支えてあげる」「してあげる」で終わっちゃうでしょ？　費用はすべて行政が負担しているものだから、相手はいっこうに自立しない。ボランティアをして、「いいことしたなぁ」という自己満足が得られたとしても、サポートはえんえんとつづきますから、いつか疲弊してしまう。そんな現場をたくさん見てきました。

でも、私たちはちがう。友だち感覚で相談にのる。対等の関係でつきあうから、「アドバイスしてあげよう」とか、「教えてあげよう」という気はまったくない。きっと、「上から目線の施し」では長つづきしないと思うんです。私は「もらえるもの」があるから、ボランティア・サポーターをやっています。ボランティア・サポーターをすれば、情報をもらえたり、新しく気づく何かがある。それが楽しいからつづけていられるんです。

もちろん、「助けて」だけを言いつづける人もいますよ。「自分では何もできないから、何もかもやってほしい」という人もいる。でも、申し訳ないけれど、そういう人は助けられない。私たちは対等の関係だから、「あなたがこれ以上できないんだったら、私もできないよ」と言いますね。

困っていた人が、段階を経て、ある程度解決できたら、その先に自助グループができてくればいいなと思います。「困っていた人」が「今、困っている人」を助ける。そういう関係性があちらこちらにほしいんです。実際に、ここではそういう動きがはじまっているし、それこそが「助ける人」と「助けてもらう人」が頻繁に入れ替わる「静岡方式」の醍醐味だと思いますね。

中学卒業以降の支援を途切れさせない
——学習支援プロジェクト

ボランティア・サポーターたちは、生活困窮世帯やひとり親世帯の子どもに対する学習支援の場でも威力を発揮している。

国が定めた生活困窮者自立支援制度のなかでも、「貧困の連鎖防止を目的とし、学習支援を行う」ことになっている。生活保護世帯、生活困窮世帯の全日制高校への進学率の低さは問題となっていて、それに取り組むことは大事だ。しかし、全国を見回してみると、生活困窮世帯の高校進学のみをめざした支援にとどまっているところも少なくない。

「就労支援団体として学習支援に取り組むことの意味は別の部分にあるんじゃないか」

津富理事長は言う。

「高校に進学したあと、遅かれ早かれ彼らも就労するときがやって来る。そのときに確実に支援することができるようにしなければならない」

義務教育の間は行政などからの支援の範囲内にいることができる。しかし、高校に入ってしまうと支援の手立ては薄くなる。まして中退してしまったら、行政や支援団体はその人を見失ってしまう。しかし、中学の義務教育段階から地域とつながりをつくっておけば、何か困ったことに直面したときには地域で対処できる。つまり、津富理事長は、中学卒業以降も切れ目なく見守っていくために、学習支援が必要だと考えているわけだ。その考えから、就労支援ネットは静岡県内各地で学習支援を行っている。

静岡県東部で数カ所行われている学習支援は、そのほとんどをボランティア・サポーターが担っている。ボランティア・サポーターたちがおむすびをつくり、

生徒たちにふるまう「お食事会」を同時に行っているところもある。

当初、ボランティア・サポーターたちは「学習支援」にとまどっていた。

「〝学習支援〟と名づけられていると、どうしても〝学習させなければいけない〟と力んでしまう」

「単に勉強を教えるだけではダメだろうし、かといってまったく勉強させないというのもそれでいいのか悩む」

そんなボランティア・サポーターたちに対して、津富理事長はこうアドバイスした。

「学習か居場所かの二者択一にしてはダメ。学習を通じて、人生を応援していくと考えてほしい」

今、ボランティア・サポーターたちは試行錯誤しながら、「就労支援ネットだからできる学習支援」を模索しつづけている。

一方で、学習支援は、子どもたちへの直接支援のほかに、思ってもいなかった効果を上げているように見える。それは、ボランティア・サポーターが活動しやすい事業であるということだ。小学校程度の勉強ならあまり苦にせず教えることができる。何より、「子どもが好き」「子育てに興味がある」という新しい顔ぶれが続々と参加しはじめている。そして、「地域の生活困窮」「ひとり親」という困りごとを目の当たりにし、地域の困りごとを自分ごととして考えられるようになってきている。

二〇一六年末。学習支援に新しい動きが加わった。事業として受託している学習支援では、事業で決められている対象の範囲内の子どもにしか学習支援できない。

「もっといろいろな若者たちの学習を手助けしたい」

そう考えたボランティア・サポーターの発案で、週に一度、「若者の居場所と勉強会」を開催することになったのだ。対象は「誰でもＯＫ」。もちろん大人でも構わない。中学一年生からの英語と数学を教えてくれる場所だ。

サポぬまのフェイスブックにはこんなふうに書かれている。

――学びの場ができました。

しゃべり場ができました。

若者とか子どもとか大人とか年齢は関係ありません。

ここに来るだけでいいんです。

わからなかったら聞けばいい　目の前に居てくれるから安心です。

強制もしません。夢をみんながサポートしてくれます。

広がりつづけるボランティアの自主活動――原コミュニティ・スペース

企業ボランティア・サポーターである大心産業の事務所の一室に、続々と人が集まってきた。

総勢七名。いずれもボランティア・サポーターの面々である。

ここは、沼津市の原地区にある。もともと県営・市営住宅が多く建ち並び、雇用促進住宅もあるこの場所は、生活困窮者の多い地区でもある。生活困窮の問題を抱える、車を持たない人々は、電車や徒歩で一時間ほどの時間をかけて、沼津のセンターまでやってきていた。

「フードバンクで配られる食材を取りにわざわざやって来た人を何人も見かけた」

サポぬまの中心人物でもあるボランティア・サポーターの小和田さんは言う。

「だから、ここにセンターの出張所ができたら便利なんじゃないかと思って、サポぬまで話し合ったんだよね」

実は、サポぬまは県社協の助成金をもらいながら、別の地区でシェルターをつくろうと画策していた。しかし、家賃等の交渉が決裂。行き場をなくしていた。

その話を聞きつけたのが、やはりボランティア・サポーターである株式会社大心産業の会長、渡邉大輔さんである。

「ウチの事務所にひと部屋余ってるから、そこを使えば？」

事務所はまさに原地区にあった。センターの出張所がほしいと思っていた小和田さんたちは二つ返事で間借りさせてもらうことにした。そして、原地区の人々と一緒にできることを考えるプロジェクト「原コミュニティ・スペース」がスタートしたのだ。

この一室には二段ベッド、テレビ、冷蔵庫、レンジまでが備えられている。

「この部屋は、ヨッシープロジェクトの部屋でもあるんです」

集まってきたボランティア・サポーターのひとり、伊藤和行さんは笑いながら言う。

センターに来る相談者のなかに、ヨッシーという三〇代の男性がいた。生活保護を受給していたのだが、保護費が支給された五日後にはもうそのお金を全部使い込んでしまう。ファイナンシャル・プランナーの資格を持つボランティア・サポーターが家計管理を行っていたのだが、どうしても無駄遣いは止まらない。お金を使い果たしてしまったヨッシーは、水道光熱費が払えず、真っ暗ななか、ほとんど飲まず食わずで生活していたという。家賃も滞納がつづき、とうとう大家から立ち退き勧告を受けてしまった。そんな話を伊藤さんがヨッシーから聞いていたとき、ちょうど大心産業の渡邉さんがやって来た。ヨッシーの話を聞いた渡邉さんはすぐにこう言った。

「オレんところに来れば?」

このひと言で、原コミュニティ・スペースと共用する形で、ヨッシーはこの部屋に移り住むことになった。

渡邉さんは、古くなり、匂いがきつくて引っ越しには耐えられない家財道具をすべて捨てさせ、洋服も含めた一切の生活用品を自腹で購入してくれた。今、ヨッシーは大心産業の仕事に毎日出勤するようになったという。

「もともとシェルターをやりたかったから、ヨッシープロジェクトは本当に渡りに船だった」

小和田さんもうれしそうな様子だ。お隣が風呂屋で入浴もまかなえる。食べるものこそ自炊できないが、家賃がかからないのでその分を食費に回すことができる。何より、渡邉さんは「パチンコに行きたいんだったら、オレと行こう」と費用を持ってくれる太っ腹。ヨッシーはだんだんと顔が明るくなり、イキイキとしてきたそうだ。口癖だった「死にたい」という言葉を、今はもう言わなくなった。

「大心産業さんからお借りしているこの部屋は、入る人によって変わっていくものでいいと思うんだよね」

小和田さんの言うとおり、伊藤さんはここで学習支援をやりたいと考えている。DV被害者を支援するスペースに使いたいと考えている人もいれば、虐待通報・妊娠SOSの勉強会をやりたいとさっそく動き出している人もいる。

ボランティア・サポーターが楽しんで取り組める活動が、今、原コミュニティ・スペースから動き出そうとしている。

INTERVIEW
インタビュー 04

ボランティア・サポーターの素顔

世代も、育ってきた環境も、考え方もちがうバラバラな人たちが、就労支援ネットのボランティア・サポーターである。ある人は、自分の困りごとからここに参加し、ある人は「ただ、おもしろそうだったから」という理由で参加する。そして、仲間をつくりながら、誰かの「困りごと」を「自分ごと」として、活動している。

子どもたちや若者に「夢は実現できる」と伝えたい。

伊《い》藤《とう》和《かず》行《ゆき》さん
ギャラリーコンサルタント・歴史サロン主宰

僕は四五歳まで、考古学の分野で四六時中、発掘をやっていました。しかし、糖尿病を患い、透析が必要な体になってしまったんです。最初は、「障害者」という枠に入るのがとても苦痛でした。乗り越えるのに二年ぐらいかかっちゃった。ようやく立ち直って、障害者のための就労支援をやりたいなと思って、センターをたずねたんです。そこで、「学習支援をやってほしい」という話になり、こちらに関わるようになりました。

今は、学習支援を広げていこうとしています。高校を中退したある若者がいたんです。でも、高校の勉強はおろか、中学校の勉強さえおぼつかない。でも、その子は「看護師になりたい」と思っていました。「じゃあ、中学の勉強を学び直すのにつきあうよ」ということで、誰もが学び直せる場をつくりました。子どもたちや若者たちに、「夢は夢じゃなくて、実現できる現実味のある話だ」ということをわかってもらいたいなと思っています。

相談者からボランティア・サポーターへ。

鈴《すず》木《き》勝《まさ》矢《や》さん
創矢工業

僕は発達障害を持っていて、精神障害者手帳二級も持っています。手帳を取ってまだ八カ月ですから、健常者の気持ちも障害者の気持ちもわかると思っています。

家族と別居し、仕事もクビになりかけ、誰にも必要とされない自分の命を、家族のためにお金へと変えることに大義が生まれたのですが、何度チャレンジしても死ねず、途方に暮れている状態でした。そんなとき、沼津のセンターに来ました。ここで、米山さんや堤さんに伴走してもらって、人生が好転してきたんです。

ファイナンシャル・プランナーの資格を生かして家計相談にのったり、ボランティア・サポーターとして活動しています。

サポぬまの立ち上げの会に行ったら、いきなり小和田さんに「司会をお願いできる?」と言われ、放送部だったんで二つ返事でOKしました。以来、いろいろと関わらせてもらっています。

ここでやりたいことはたくさんある。

石川《いしかわ》玲《れい》子《こ》さん
一般社団法人ひ・まわり代表理事、静岡県東部里親会理事

私自身が社会的養護の当事者で、里親もやっています。社会的養護の当事者推進団体として、乳児院・児童養護施設出身者・里親家庭で育った方同士で交流をはかってきましたが、「それだけでいいのか」という問いを抱えてきました。

こども食堂を立ち上げるというときに、「沼津にできるんだったら、じゃあ私が三島でやるよ」ということで、この団体に関わるようになりました。当事者として何ができるのかを考えたときに、自然と「地域から施設に入る子どもをなくしていきたい」と思いはじめたんです。地域がお母さんたちの子育てを応援しなくちゃダメだと思ったんですね。

サポぬまでやりたいことはたくさんあります。まずは里親の勉強会。虐待通報や妊娠SOSについてもみんなで学びたい。自分の団体では自立援助ホームもつくりたいし、グループホームもやりたい。「やりたいことが壮大すぎる」とよく言われます(笑)。

INTERVIEW
インタビュー 05

太っ腹の企業ボランティア・サポーター

株式会社 大心産業

代表取締役会長
渡邉 大輔さん
DAISUKE WATANABE

本社管理部課長代理
坂井田 実季さん
MIKI SAKAIDA

大心産業は、労働者派遣事業を中心として、清掃業やビル管理、不動産業などを行っている会社である。そして、今や就労支援ネット静岡県東部において、なくてはならない企業ボランティア・サポーターである。というのも、ボランティア・サポーターの間で、「困ったときは大心さん」という言葉をフツウに耳にするように、「ちょっとだけ働きたい」「家がないけど働きたい」と言えば、すぐに対応してくれる太っ腹な企業なのである。

——センターや就労支援ネットと関わるようになったきっかけを教えてください。

渡邉　たしか社員の父親から紹介されたのがきっかけかなぁ。最初はあいさつするだけだったんだけど、米山さんと同級生だということがわかって、「なんだ、タメじゃん」ということで意気投合したのがはじまり。

——センターで話を聞いていると、大心産業さんで働かせてもらうようになった事例が多いですし、実際に渡邉会長がセンターにかけつける姿も見かけました。

渡邉　困っている人がいて、それに対してやれることがあればやるという感じでやっているだけで、特にたいしたこともしてないですよ。

オレは、困っている人を甘えさせるつもりはなくて、最後は「自分でなんとかするしかない」と思ってるんだよね。ただ、そのきっかけをつくってあげたい……そんな感じだよね。きっかけがないから困っている人はいっぱいいる。そんな人は、ほんのちょっとしたきっかけがありさえすればいい方向に進めるはず。今は、オレがたまたま、そのきっかけになれる状況だからやってる。ホントにただそれだけなの。自分の仕事をないがしろにしてまで、ボランティア・サポーターをやるつもりはないよ。

——坂井田さんもセンターに来て、仕事をお世話してくれたりしていますよね。

坂井田　無理矢理適当な仕事をさせることはできないので、その人に合った仕事があって、その人が納得して働けるということだったら、会社としても助かります。

私も、施設や里親のもとで育ってきたから、自分自身が人に支えられてなんとかやってこれたという実感があるので、今、目の前に困っている人がいて、ここで救ってあげられるならそれでいいんじゃないかなと思っています。

——初めて会った人を信用して仕事をまかせるというのは、意外と難しいのではないかと思いますが……。

坂井田　こないだ、北海道からうちの会社に来たいという人がいたので、わざわざ会社で交通費を振り込んであげたんです。無事に来たんですけれど、寮を見た瞬間に「ここはイヤ。お金は追って返します」と言って、いなくなっちゃった（笑）。

渡邉　オレは、その時点で二万五千円ぐらいの金を使ってるわけ。なのに、そのあとそいつは電話をかけてきて、「絶対に戻るから一万円振り込んでください」なんて言うんだよ。オレは「ちょっと変だ」と思ったんだけど、営業のヤツが「振り込んであげてください」とあまりにも言うもんだから、振り込んだはいいけど、やっぱり来ない。そしたら、また電話がかかってきて、「今度は携帯代を……」だって（笑）。

まぁ、今、会社は利益が出ているから笑ってすませられるけど、これがかけがえのない三万五千円だったら、オレは探してでも取り立てるだろうね（笑）。そいつはモノを盗むということもなかったし、オレたち以外の人に悪さをしたわけでもないんで、まぁいいかって（笑）。

編集注：しかし、後日の決算では赤字だったことがわかったそうです。

坂井田　いや、彼は絶対戻ってきます。たまにその人から電話がかかってくるんですよ。「仕事どうですか?」「まだ待っててくれますか?」って。そんなふうに言ってるんだから、この人は戻ってくる気があると思う。

渡邉　やっぱりお前、それだまされてるから(笑)。

坂井田　そりゃ、「だまされたのかなぁ」と思って泣くこともありますよ。でも、絶対信じて、待ってる。そうしていると、あとで何かしら形になって帰ってきます。

渡邉 オレも人のことは言えないからなぁ。三回ぐらいドタキャンしたヤツから、いまだにメールがありますからね。最初は「風邪を引いた」、次は「財布を落とした」、それで三回目が「親が倒れた」ですからね（笑）。最近もこと細かに連絡してくるんだよ。たぶん、そいつはさびしいんだと思うの。誰かに話したいけど、言うヤツがいないから、オレのとこに連絡してくるんじゃない？

ここは出戻りが多いんですよ。やめるときも気持ちよく送り出してあげるから。どんなに不義理したヤツに対しても、こちらからやめさせることはほとんどないし、フツウじゃあり得ないけど、困るだろうとその月分のお金をあげたり……。

オレは金持ちじゃないけど、あとさき考えずつい金を出しちゃうのよ。それを返せとはまったく思わない。仕事にさえ行ってくれれば、あとはいいの。何年か越しに「また、よろしくお願いします」と出戻ってくるとうれしいしね。

――生活困窮の人たちを自社で雇うというのは、ある種の「貧困ビジネス」と受け取られる可能性もありますよね。

渡邉 もう言いたいヤツには言わせておけばいいと思う。これで、オレが派手に豪遊してたらそうとう怪しいと思うけど、金なくて車売りましたからね。いかに自分を犠牲にしているかということを見てほしいです。こんなこと、普通の家庭を築いている人には無理だと思いますよ。だって、休みもないし、家に知らないヤツを連れてきて風呂に入れたりしちゃうんだもん。家族はイヤだと思うよ。

ホント、なんでやってるんだろう？　楽しいのかなぁ。

オレたちが喜びを感じるのは、どうにもなんなかったヤツが一生懸命仕事をやってくれて、今までできなかったことができたり、生活が元に戻ったりする姿を見るときなんだよね。そういうヤツから、「オレがおごるんで呑みに行きましょう」って言われたら、めちゃくちゃうれしいね。

01—3

静岡方式のこれから

孤独な生活困窮者は支援を経て地域のなかに根づいていく

これまで、沼津市を中心とした就労支援ネットの動きを見てきた。就労支援ネットは、静岡県東部では、沼津市、富士宮市、伊豆市、熱海市、小山町、長泉町、清水町、函南町で、生活困窮者支援のための自立相談支援事業や就労準備支援事業を受託している。

ほかの自治体の行っている自立相談支援事業では、「対象者がまったく窓口に来ないため、活動しようがない」という問題点があると聞く。生活困窮の人たちは毎日の生活に精いっぱいで、相談窓口の情報を得ることができず、誰も窓口を訪れないということなのだろう。鳴り物入りで自立相談支援窓口を開設してみたものの、生活困窮者の人がまったくやって来ないという事態が発生しているため、「うちの地域には生活困窮者はいない」という結論に陥っているところもあるという話だ。

就労支援ネットは「対象者との出会い」に苦労していない。行政機関や関係機関はもちろん、不動産会社や賃貸保証会社、弁護士や検察・警察からも相談者を紹介される。さらに、持ち前のボランティアネットワークが生活困窮の人を連れてくる。ちょっと困っている人から、大いに困っている人までやって来る。そして、ここで支援された人たちが同じような状況にいる友人や知人を連れてくる。だから、「相談窓口への集客」という問題を感じたことがないと、米山は言う。

そして、持ち前のスピード感で、あれよあれよという間に就職が決まる。その多くは、企業ボランティア・サポーターによる雇用や、ボランティア・サポーターのコネで決まる。面接なし、履歴書なしで決まってしまうこともめずらしくない。生活困窮のほとんどは、「働きたいけれど働けない」「自分の都合に合わせて働ける場所がない」ことから発しているため、就労が決まれば問題は解決に向かいやすい。

就労支援ネットでは、就労支援の過程やその後の見守りで、複数のボランティア・サポーターに出会うため、地域に知り合いをつくれるというメリットがある。月に一回はNPOに関わる人たちの集まりが開かれているから、そこに出席さえすれば孤立を感じることはないだろう。

「おぉ、久しぶり。元気だった?」

「最近見なかったんで心配してたよ」

そんなあいさつが集まりでは飛び交っている。

せっかく就職したところを早々にやめてしまう人がいる。しかも、就労支援ネットのコネで就職したにもかかわらずである。しかし、誰もいやな顔ひとつしない。もしかしたら、ボランティア・サポーターたちも「そんなもんだ」くらいにかまえているのかもしれない。

そしてまた、次から次へと就職先を世話する。

「今、ヒマなんだったら、あそこで働いてみる? 私から聞いてみるけど」

「やめたんだったら、働きなよ。○○さんに聞いてあげようか?」

「就労したらそれで終結」ではなく、半永久的な関わりになるから、地域のコミュニティの一員として生活できる。「大量の知り合いが自分のことを気にかけてくれる」という状況は、大きな財産になる。

「働いて糧を得るのがゴールではなくて、地域に知り合いをつくり、そのなかで助けられたり、助けたりしながら生きていくことをめざしている」

有償ボランティア、大倉はそんなふうに言った。

やがて、相談者は「支援する人」になる。「自分がお世話になったからその恩返し」とばかりに、今度は誰かの相談相手になる。誰かの引っ越しの手伝いをする。ボランティア・サポーターが無数に行っている集まりに参加する。一度でも顔を出すと、頼りにされ、頻繁に「お願い」されることになる。「面倒だな」と思ってしまうかもしれないが、地域の居場所は確実に確保される。

……そうして地域コミュニティに根づいて生きていく。

「支援する／される」が並行したり入れ替わったり

就労支援業界では、「支援する人」と「支援される人」が明確に分かれているように見える。「情報の非対称性」と言えば、市場における「売り手」「借り手」において、「売り手」が一方的に専門性や情報を持っている状態のことを言うが、就労支援の業界も「非対称性」が顕著だ。専門的な情報を持っている「支援者」が教え、諭すように、「支援される人」を導いていく。そんな支援団体が少なくない。

しかし、就労支援ネットトは、誰もが「支援する人」であり、「支援される人」だ。それも、「困っている人」を支援するのではなく、「困りごと」を支援するわけだから、「支援する／される」がいとも簡単に入れ替わる。何度も入れ替わることもあるし、「支援する／される」が同時並行で起こることもたくさんある。

たとえば、生活に困窮して相談にやって来た人が、ボランティア・サポーターに障害者手帳のメリット・デメリットについて教えていたりする。就労支援のため誰かを伴走していたボランティア・サポーターが、ある日リストラにあってしまい、別のボランティア・サポーターの助けを経て再就職する。ひきこもりから脱出した若者が、ひきこもりの子を持つ親の相談にのる。

「自分が困っていた経験を自己開示できる人はすごいなと思う。強みだよね」

ボランティア・サポーターの小和田さんは感嘆する。「その経験をまわりに話すだけで、それが支援になるんだよ」と言い、経験者と当事者によるセルフヘルプグループができないかと画策している。

こんなところだから、「支援してあげる」と意気込んで就労支援ネットにやって来た人は肩すかしを食らうだろう。「教えてあげる」「してあげる」だけの人は敬遠され、いつの間にかいなくなっている。有償ボランティアにしても、「スタッフづら」をする人は淘汰されてゆく。

「あの人は〝いい人〟だよね」

「〝いい人〟がたくさん増えた」

就労支援ネットに関わる人は「いい人」という言葉をよく使う。それは「誰もが口を揃える善人」とか、「○○をしてくれる人」という意味ではなく、等身大の自分をありのままさらけ出し、えらぶることなく、対等の関係をつくり出せる人を指しているのだと思う。

だから、みんなが口を揃えて言うところの「〝いい人〟の集まり」である就労支援ネットに顔を出すと、誰がボランティア・サポーターで、誰が相談者なのか、まったくわからない。あまりにも人と人とがフラットすぎて、上下関係に慣れた仕事人間は混乱する。会話が一対一ではなく、複数のグループで行われていて、それが自在に形を変えていくから、余計にわけがわからなくなってしまう。

でも、なじんでくるとそこは居心地のよい関係だ。誰がどこの会社に勤めているとか、誰が偉い人だとか、誰が身内で誰が客だとか気にしないまま、ただ目の前にある「困りごと」について、会話が進む。突拍子もない考えを口にしても、誰も否定しない。

「困ったことを困ったままにせず、誰かに話せば、それは人を巻き込むきっかけになる」

そんなふうに津富理事長は言う。だから、「困ったことは、地域を変えるチャンスだ」と考えている。そして、今、「困りごと」を中心とした市民のネットワークは大きく広がりはじめている。

失敗もして、試行錯誤しながら、前に進んでいく

生活困窮という困りごとも、働けないという困りごとも、ひとり親世帯も障害者も高齢者も、些細な悩みから大きなシステムの困りごとまで、ありとあらゆる困りごとを地域が受け皿となって支え、みんなで考える。やってみる。そんな大きな渦が今、ここで起こりはじめている。

もちろん、世代も考え方もバラバラな人の集まりだから、失敗もたくさんあった。

シェルターをつくりはじめてみたものの頓挫してしまったこともある。

学習支援をはじめてみたものの、ただの勉強を教える場所になってしまったこともある。

「こんなに雑なところだと思わなかった」とボランティア・サポーターを抜ける人もいる。

数々の失敗があって、そのたびにみんなは右往左往する。

「でも、失敗しなくちゃつまらないよ」

センターの堤はそんなふうに言ったりもする。ハプニングはしょっちゅう起こる。ときどき「大変だな」と思うことにも出会う。でも、それは自由に、思いついたままに、どんどん動いていることの証でもある。

「本当だったら、〝こうやってください〟と研修するようなことを、私たちは〝自由にやってください〟と言っちゃう。自由にやるから私も含めてみんな失敗するけど、失敗しながらも試行錯誤するからどんどん出会いが増えていく。だから、きちんとした働き方をしてきた人はとまどうだろうと思う。でも、失敗も経験でしょ？　ひとつ貴重な経験をしたということだよ（笑）」

堤は、伴走中、「失敗したっていいよ。やってみようよ」とよく口にする。そして、本当にそれが失敗したとしても、「じゃ、次はコレやってみよう」と前に進む。それとまったく同じ感覚で、ボランティア・サポーターたちのプロジェクトが失敗したとしても「じゃ、次はどうしようか？」とみんなで考える。考えてみれば、当のボランティア・サポーターたち自身が伴走中には、働きづらい人たちに「失敗しても大丈夫だから、やってみない？」とすすめているのだ。それを当人たちが「失敗するかもしれないから、こわくて手を出せない」とは言ってられない。どんどんやってみて、失敗もして、試行錯誤しながら、前に進む。

「最近は、ボランティア・サポーターさんたちが自由にいろいろなことをやりはじめているので、全部は把握できていないかもしれない」

米山は言う。何度も「え？ そんなことはじめてるんだ」と驚かされた。でも、「やってみたいと思ったことをどんどんやっていくのが静岡方式だから」とまるで気にしない。

「ボランティア・サポーターさんたちから、よくここは楽しいと言われるんです。ここの自由な雰囲気は大事にしたいですよね」

「困りごと」がつくり出す町おこし

「こんなふうに人と人がつながっていくのは、おもしろいでしょ？」

ボランティア・サポーターの小和田さんが言ったように、「困りごと」を中心にどんどん人の輪が広がっていく。就労支援ネットの若者に対する就労支援が、生活困窮支援につながっていったように、地域の人たちは、目の前にある「困りごと」によって、アメーバのように自在に姿を変えながら、大きなネットワークになっていく。

そして、行政に頼らず、市民が市民の力で支え合う力をつくり出していく。

「困ったときに困らない地域をつくりたい」

有償ボランティア、大倉の言葉である。長い人生のなかで、誰もが「困りごと」に出くわす。だから、そのときに「助けて！」と言える相手を地域にどれだけたくさん持っているか。それが「困ったときに孤立しない」、つまりは「困ったときに困らない」秘訣なのだ、と大倉は言うのだ。

津富理事長は地域で困りごとをどんどん解決していく静岡県東部の動きを間近で見て、「もしかしたら、このムーブメントは〝町おこし〟につながっていくものなのかもしれない」と思いはじめている。

「ただ〝おせっかいなおじさん・おばさんが困っている人を助ける〟というシンプルなコンセプトが、まさか〝町おこし〟につながるとは想定していなかった」

そんなふうに津富理事長は言う。

「町おこし」という言葉が叫ばれて久しい。しかし、これらの言葉はずいぶん曖昧だ。「いきいきと暮らせる町にする」「地域が元気になる」という目標も、何をイメージしているかわからない。ゴールが明確に設定されていないから、地域はえんえんと貴重な予算をつぎ込んで「町おこし」に取り組みつづけなければならない。その結果、ゆるキャラが乱立したり、B級グルメをつくり出すことに躍起になったりする。

だったら、「町おこし」「地域活性化」のゴールを、大倉が言った「困ったときに困らない地域をつくる」に設定してみてはどうだろう。「困りごとを中心とした、地域の人と人とのつながりづくり」という手法でゴールをめざす。ゆるキャラやB級グルメをつくり出すより、よほど市民による、市民のための「町おこし」ができるのではないだろうか。

六年前、就労支援ネットを紹介した書籍『静岡方式で行こう!!』に、私はこんなことを書いた。

——静岡方式が全国に広がり、「○○県方式」がたくさん生まれることは、若者就労支援に役立つだけでなく、新たな「町おこし」の可能性も秘めている。

「こんなことを自分の地域でもやってみたい」

そう思ったなら、すぐにはじめられる。地域の「困りごと」を人に話す。すると、意外と自分の知らないところで活動している人とつながることができる。ひとつの「困りごと」は、さらに別の「困りごと」とつながっている。だから、たくさんの地域の人と出会うことができる。「困っていた人」はやがて「今、困っている人」を支えていく。支え合う土壌はやがて「困ったときに困らない地域」を生み出していく。

この動きが全国に広がっていくことを、私は願っている。

現在、全国のほとんどの地域では、行政主導で生活困窮者自立支援が行われている。しかし、「生活に関する困りごと」の相談窓口は、お堅い役所の片隅ではなく、地域の人々のなかにあるべきだ。地域のなかで支え合いができれば、たいがいの「困りごと」は解決していく。

もしかしたら、ここで行われている新しい静岡方式は、「困りごと」を市民の手に取り戻す運動なのかもしれない……そんなことも考えさせられた。

01 — 4

静岡から全国へ

静岡方式を取り入れた支援の試み

二〇一一年、『静岡方式で行こう!!』が出版されると、さまざまな地域から「うちでも静岡方式を取り入れてみたい」と声が上がった。ここでは、埼玉県上尾市、福岡県福岡市での活動を見ながら、どのように静岡方式を取り入れればよいかを考えていこう。

「静岡方式」の実施に二の足を踏む人

「うちでも静岡方式を取り入れてみたい」

そう考える人は多い。「市民が手弁当で支援を行える」という点がまず魅力だからだ。資格がなくても、お金がなくても、事務所がなくても、就労支援は行えるのだ。この発想の転換に、たくさんの人がひきつけられる。

しかし、実際に現場を見ると、多くの人の意識は変わってしまうようだ。

「手弁当でとてもここまでのことはできない」

静岡方式で行っている若者就労支援の根幹は、事前セミナー、一泊二日の合宿、就職セミナーなどからなるプログラムと伴走支援である。特に、セミナーや合宿は途方もない労力がかかっている。

何十人もの大学生たちが半年近くの時間を使って準備をした数々のアイスブレイクやワークショップ。そこで使われている名札や小道具もすべて学生たちの手づくりだ。ボランティア・サポーターたちもノリノリで、学生たちが考えた企画に積極的に参加する。ときには、自分たちでもワークショップを企画し、ファシリテーターをつとめ、会場を大いに盛り上げる。

これらは、静岡方式独特の「巻き込む力」を生み出すために必要な演出なのだが、「はたして自分たちにこれだけの演出ができるのか」と思ってしまうと、静岡方式を取り入れることにどうしても二の足を踏んでしまう。

「オレたちだって、はじめたときは数人だったんだから、大丈夫」

津富理事長は簡単に言う。

たしかに、前著『静岡方式で行こう!!』でも取り上げたように、静岡方式のすべてをまねするのではなく、「ボランティア・サポーターが継続的に伴走支援する」という部分だけを取り入れている地域もある。盛大なセミナーや合宿をまねる必要はなく、「静岡方式」の考え方や方法論を部分的に取り入れるという方法もあるのだ。

ここでは、「静岡方式」を忠実に取り入れた埼玉県上尾市のケース、そして「静岡方式」のエッセンスを取り入れた福岡県福岡市のケースを紹介する。その両極端の活動を見ながら、「静岡方式の取り入れ方」を考えてみよう。

静岡方式のセミナー・合宿を忠実に再現

「資格もない、支援する力もない、お金もない。そんなおじさん、おばさんでも支援できるのではないかと思ったんです」

そう言うのは、埼玉県上尾市で活動する「ムーミンの会」の唐澤恵子さんである。

お子さんが不登校だったこともあり、唐澤さんはもともと不登校の子どもを持つ親の会を主宰していた。親の会の活動を続けていくなかで、メンバーたちは新たな悩みを抱えることになった。メンバーの子どものなかに、学齢期を過ぎても社会に出ていくことのできない子どもが出てきたのだ。また、唐澤さんは同時期に、ひきこもりの居場所づくりの手伝いもしていたのだが、そこでも、「自分たちが退職したあと、子どもはどうなってしまうのだろう」と相談に訪れる親御さんをたくさん見ることになった。

「学齢期を過ぎた子どものための支援がしたい」

そう考えた唐澤さんは、若者支援者、ひきこもり支援者が多く集まる集会や勉強会に顔を出すようになった。そのなかで、「静岡方式」と出会ったのだ。

「尊敬する活動を行っている支援者の方はたくさんいましたし、そうした団体を見学にも行きました。でも、支援者の方々はプロフェッショナルなんですよね。私たちにはとてもそんな支援はできないと思いました。でも、静岡方式なら、なんとかやれそうだと思ったんです」

「静岡方式で若者支援をしたい」と相談した唐澤さんに、津富理事長は「本当にヤル気があるなら応援するよ」と声をかけてくれた。

当初は、まさかセミナーや合宿をやろうとはまったく思わなかった。「おせっかいなおじさんやおばさんを集めて、就労支援をしよう」とだけ考えていた。まさに静岡方式のいいとこ取りである。しかし、津富理事長から「それじゃ意味がない」と意見されることになる。

「静岡は、津富先生がいるから、あんなことができるんだ」

それまで唐澤さんと一緒に活動してきたメンバーたちは、セミナーや合宿の開催に反対した。しかし、唐澤さんは「やるしかない」と決意する。

「沼津におじゃまさせていただき、米山さんや堤さんたちにも応援してもらい、静岡方式に関わる人たちに共感していましたから、〝やってみよう〟と思いました」

静岡で行われたセミナーや合宿に参加した経験もその決意を後押しした。孤独に背中を丸めた若者がセミナーにやって来て、背筋を伸ばし笑いながら帰っていく。一目見ただけでわかるほどの変化はあまりにも感動的だった。一緒に参加したメンバーたちも「この感動を上尾でも味わいたい」と唐澤さんに協力を申し出た。

ついに、唐澤さんたちは、二〇一五年一〇月、「静岡方式」の若者就労支援を忠実に再現したセミナー・合宿を開催した。参加した四人の若者たちは、すべて一〇年以上ひきこもっていた若者だったが、合宿の最後には、泣きながら、「ありがとう」と唐澤さんの手を握った。唐澤さんも、その姿を見て、「やってよかった」と目をうるませた。参加した四人の若者たちは、職場体験を経て、現在、全員就労を果たすことができている。

当日、無理をして来てもらった大学生たちも感動していた。そして、なんと翌年にはボランティア・サークルを結成。静岡の大学生たちと交流しはじめた。

「だんだん手伝ってくれる人が増えて、世の中、捨てたものじゃないと思いました」

労力は多く、ときには持ち出しになることもある。でも、利害関係がまったくないから、ボランティア・サポーターである大人同士も気持ちのよい関係が築ける。今、ムーミンの会を中心としたボランティア・サポーターのネットワークが少しずつ広がっている。

静岡方式の考え方を大事に伴走支援

「静岡方式、いいですよねぇ。でも、静岡方式のやり方をまねることはしていないんです」

そういうのは、福岡県福岡市の「福岡わかもの就労支援プロジェクト」代表、鳥巣正治さんだ。

鳥巣さんは、ソフトウェア開発の仕事に従事するなかで、社員の育成に力を注いできた。やがて、「今までの自分の経験を若者支援に生かせるのではないか」と考えはじめ、三二年間つとめた会社をやめ、同団体をつくることにした。

団体設立の裏には、「静岡方式」との出会いが関わっている。

偶然『静岡方式で行こう‼』を読んだ鳥巣さんは、「自分が考えていることに近いものをすでにやっている人がいる！」と感動した。その感動がさめやらぬまま、津富理事長にメールを出し、わざわざ会いに行った。

当時、若者支援団体の立ち上げをおぼろげに考えていた鳥巣さんは、いろいろな支援団体を見学に行っている。そこで、語られていた言葉にひどく驚いた。「〝就労しよう〟と言われただけでも若者たちは傷つく」「ひきこもりの若者は就労支援のチラシを見ただけで具合が悪くなる」「居場所に行ければ十分」……。

鳥巣さんが知り合った若者たちは「働きたい」とのぞみながらも、一歩が踏み出せない若者がほとんどだった。だからこそ、そんな若者をなんとか助けたいと鳥巣さんは思ったのだ。

「どうも既存の若者・ひきこもり支援団体の考え方はよくわからない」

そう考えていた矢先の『静岡方式で行こう‼』との出会いである。

――実際のところ、私たちは働けない若者に出会ったことがない。短時間だったり、仕事の内容が限られたりするかもしれないが、必ず働ける。

――仕事は完全栄養食のようなものである。

津富理事長の言葉に、「これだ!」と、鳥巣さんは思ったのだ。そして、「自分ひとりしかいないけれど、がんばってみよう」と、団体設立を決意する。

立ち上げ当初は、鳥巣さんひとりだけしかいなかったため、セミナー・合宿は行わず、毎月行う就労相談会から伴走型の就労支援を行うという方式をとった。

活動する鳥巣さんを力づけたのは、『静岡方式で行こう‼』内に書かれた「就労支援にあたっての心得」である。

「ひきこもっていた若者や、働けないまま年を重ねてしまった若者に接するときにも、〝普通の若者と同じように接してもかまわない〟という意味のことが書いてありますよね。これに勇気づけられています」

「就労支援にあたっての心得」の一部にはこんな文言がある。

――●若者と関わる姿勢は自分で決めてよい

いろいろなスタンスがあるが、若者の潜在力が引き出されるよう手助けをするという思いは一つである。

●社会の常識というものをきちんと説明し、身に付けさせる

以来、鳥巣さんは、四名の若者を社会に送り出してきた。現在は、四名が就労に向け活動している。サポーターの数は五名に増えた。静岡方式の種は芽吹きはじめている。

大人もハードルを越えることが求められる

ときに津富理事長は、「静岡方式を取り入れたい」とアプローチしてきた人に対して、「本気でやりたいの？」と意地悪な質問をすることがある。「とてもそこまではできない」としぶる人に、ややきつい言葉を投げかけることがある。

その裏側には、「若者に対して、〝本気で取り組んでほしい〟と言っている我々自身が、本気になってないのは本末転倒だ」という思いがあるのではないかと思う。

静岡方式を取り入れるにはたしかにハードルがある。「ひとりではとてもはじめられない」と思うし、「職場体験先を開拓するなんて、ボランティアの範疇を超えている」とも考えてしまう。まして や、大学生を取り込んで開催するセミナーや合宿などは「とてもできない」と考えてしまうのも無理はない。

しかし、「やりたい」と思っているのに「できない」理由をたくさん集めて一歩を踏み出さないのは、「働きたい若者が働けない」状況と瓜二つなのだ。やはり、「まずは、大人自身がそのハードルを飛び越えよう」と、津富理事長が促しているように思えてしまう。

埼玉の唐澤さんは、当初「とてもできない」と思っていたセミナー・合宿の開催にチャレンジした。

福岡の鳥巣さんは、三二年間働いた会社を辞し、決断した。何より、津富理事長自身が、法務省を退官し、地縁のない静岡の大学に赴任し、「とにかくやってみよう」と数人ではじめたのが「静岡方式」なのである。

「静岡方式」は、どこからでも、どんなふうにでもはじめられる。「やってみよう」と思った人の眼前にはハードルが立ちはだかるだろう。しかし、いったんハードルを越える覚悟を決めた人に対して、静岡方式は開かれている。

津富理事長は、忙しい毎日の合間を縫ってかけつけてくれるはずだし、就労支援ネットのスタッフも親身になって相談にのってくれるだろう。実際、ある団体が東京で静岡方式のセミナーにチャレンジしたときは、交通費を節約するために、セミナー運営に慣れている大学生たちをスタッフが何台かの車に分乗させ、はるばる手伝いにやって来たという話も聞いた。

「やってみよう」と思った人のまわりには、必ずそれを助ける仲間が集まってくる。

「〝いい人〟たちにたくさん出会うことができました」

唐澤さんは言う。活動を一緒にやっていく仲間が唐澤さんのまわりに集まりはじめている。ひとりではじめた鳥巣さんも、今は五人の仲間とともに活動している。

「静岡方式」を取り入れることによって、若者を支援する。困っている人を支援する。それは、〝いい人〟たちとつながり合うことでもある。「困りごと」を真ん中に、人々がつながり合う仕組みは、静岡県内を越え、今、全国に広がりつつある。

02
進化する静岡方式

津富 宏

NPO法人
青少年就労支援ネットワーク静岡
理事長

HIROSHI
TSUTOMI

NPO法人青少年就労支援ネットワーク静岡は、任意団体としてスタートした二〇〇二年からまもなく一五年が経過しようとしています。私たちが静岡で積み上げてきた就労支援の仕方をお伝えする書籍『若者就労支援「静岡方式」で行こう!!』（クリエイツかもがわ刊）が世に出たのは二〇一一年です。それから六年。私たちは、県全域において、行政からさまざまな事業を受託するに至っています。

若者支援に関する事業もあれば、生活困窮に関する事業もあります。しかし、ボランティア団体である私たちにとって最も重要なのは、さまざまな事業を受託することではなく、事業がなくなったときに、働きたいけれども働けない人を支えられる地域を、「結果として」私たちが手にしているかどうかです。

この目的に向けて、二〇一一年から今に至る六年間、私たちはたくさんの試行錯誤をしてきました。

図1／NPO法人青少年就労支援ネットワーク静岡・ボランティアネットワークの広がり

とりわけ、現在、生活困窮者自立相談支援事業を受託している沼津市を中心とする静岡県東部では大きな進展がありました。私自身も多くを学ぶことがありました。発展途上にある静岡方式がこの六年間に学んだことをみなさんと共有したいと思います。

就労支援には根本的な問題があります。それは、まっとうな仕事が減少しつつあるとき、つまり、椅子取りゲームの椅子の数が減っているとき、誰かを座れるように助けることは、誰かが椅子に座れないことを意味するということです。つまり、一人ひとりを助けることには限界があります。国全体の景気を良くすることなんてできませんが、東部での静岡方式の進化はこの根本的な欠点を乗り越えつつあると感じています。

さて、静岡方式の根本には、次の三点があります。

①伴走型の就労支援：どこへでもいつでも一緒に動く
②ストレングスモデル：好きなこと、好きなもの、好きな人を大切にする
③市民によるネットワーク：いい人たちをつなげる

これらは六年前から一切変わっていません。この六年間の東部における進化は、これを純化した結果であり、これらに「地域の組織化」という観点をプラスアルファしたものです。私自身、生き物が成長するように自生的に展開していく東部の進化から多くを学ばせてもらいました。そ

れを私なりの言葉にしたのが、この文章です。以下、この「進化」をみなさんと共有したいと思います。

『私たちのやっていることは運動である』

これが「自分たちはいったい何をしているのか」という問いに対する答えです。この答えは、私たちのやっていることは、事業なのか、活動なのか、運動なのかという問いの答えとして得られました。

このような問いの立て方ができるようになったのは、この六年間、行政からの多くの委託「事業」を請けてきた結果です。無償のボランティアであることを大切にしている私たちにとって、目指すところが委託事業であるはずがありません。では、私たちのやっていることは「活動」なのでしょうか。でも、なんかそれは違うと思います。

というのは、「事業」にしろ「活動」にしろ、地域を外側から「対象」にしているように感じられるからです。「地域に問題があるから、私たちが地域の外側から解決してあげる」というニュアンスがどうしても感じられるからです。

一方、私たちは市民の集まりであって地域の一部です。つまり、私たちのやっているのは、私たち自身が人とのつながり方を変えること、つまり、私たち自身が変わることで、地域を内部から変えていく「運動」であると気づいたのです。つまり、私たちは問題の解決者ではなくて、問題そのものなのです。

地域を変えることは一人ではできません。地域の構成員である私たち一人ひとりがつながり方を変えることで地域は変わっていきます。相互扶助の仲間を増やしていくための動きは、「事業」でもなく「活動」でもなく、「運動」です。地域の人一人ひとりを仲間にしていく「運動」なのです。私たちのやっていることが「運動」であると気づいたとき、私たちはボランティア団体が有償事業を行うという矛盾を乗り越え、有償の事業か無償の活動かという二分法を乗り越えたように思います。その先には、有償か無償かを問わない世界があります。

若者に限らず支援する

私たちは二〇〇二年に活動を始めたとき、自分たちの団体を「青少年就労支援ネットワーク静岡」と名づけました。「働きたいけれども働けない若者」を応援しようと決めたからです。当時、若者とは何歳から何歳までなのかを議論し、行政の議論なども参考に上限を三九歳と決めました。上限の年齢は柔軟に対応していましたが、四〇代半ば以降の「若者」はお断りをしており、自分たち自身が納得のいかない思いをしていました。

二〇一一年に浜松でパーソナル・サポート事業を始めたときには、この事業については年齢制限を外したのですが、その時点では、団体全体で年齢制限を取り払うことまでは考えていませんでした。

しかし、ふと気がつくと、私たちが二〇〇二年の活動開始以降出会った、就職氷河期の若者たちが続々と、三九歳を超え始めました。静岡方式は発足当初から「永遠支援」を掲げていましたから、自己矛盾に陥ったわけです。

当初支援者であった私たちも含め、人生は山あり谷ありです。おせっかいをする人と、おせっかいをしてもらう人という二種類の人が固定的に存在するわけではありません。そうではなく、おせっかいをするか、おせっかいをしてもらうかは、一人ひとりの人生の中で入れ替わっていく局面なのです。

人には誰しも脆弱性があり、人生にはうまくいかないときがあります。このことを改めて理解し、私たちは年齢制限を取り払いました。この転換は、私たちが生活困窮者自立相談支援事業に、地域社会の総力をあげて、まっすぐに取り組む覚悟をくれたと思っています。

就労支援をするのではなく、就労支援を中核にする

東部では生活困窮の事業を行っていますが、私たちはあくまで就労支援の団体です。就労支援しかしないという考えをやめただけです。就労支援の成果を上げるためにも、働けないという困りごとと関連する、その他の困りごとを解くことに決めたのです。

たとえば、就労支援をするとすぐに出会う問題が、職場まで通う交通手段の問題です。「自転車があれば通えるのに」ということは少なくありません。この問題は、自転車を手に入れれば解決できます。「家のある場所が田舎すぎて、周りに仕事がありません」ということも少なくありません。この問題は、「まちなか」に仮住まいを用意することで解決できます。あるいは、仕事に就いても「お金が入るまでの間、食べ物がありません」ということも少なくありません。この問題は食べ物を手に入れれば解決できます。そこで、就労支援がうまくいくのを妨げていた、これらの問題を全部解くことにしたのです。

生活困窮の事業に踏み出したことは、私個人にとってもとても喜ばしいことでした。少年院で二〇年間近く働いていた私は、貧困こそ、人の人生をゆがめてしまう根っこにあり、これこそが、根源的な社会問題であるということをずっと感じていたからです。静岡方式を始めて一〇年近く

が経ち、ついに、貧困に出会い向き合えるようになった、やっと、根源の問題と向き合えるようになったという喜びは何事にも代えがたいものでした。

　さて、生活困窮者の支援を始めたからといって、私たちの中核が就労支援にあることには何の変わりもありません。働きたいけれども働けない人を応援することで、社会保障のお世話にならずに生き抜きたいという思いを手助けするのです。沼津市の生活困窮者自立相談支援事業は次のような成果をあげています。

　図2は、県内を代表する三つの自治体における生活困窮者自立相談支援事業のデータを比較したものです。このうち、青少年就労支援ネットワーク静岡は、沼津市で事業を受託させていただいています。同じように生活困

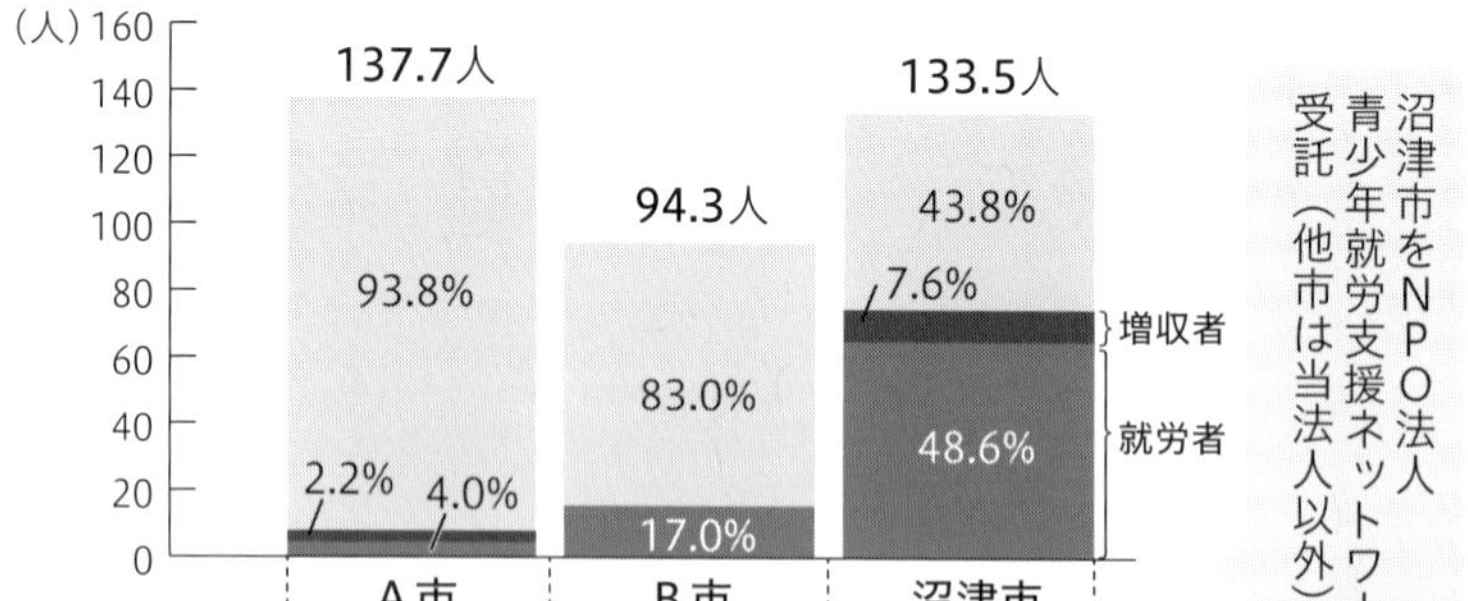

	A市	B市	沼津市
その他	129.3人	78.3人	58.5人
増収者	3.0人	0.0人	10.0人
就労者	5.4人	16.0人	65.0人

（H28.4〜H29.1　人口10万人あたり）

図２／静岡方式による生活困窮者自立相談支援事業の就労率の高さ
出典：厚労省生活困窮者自立支援制度支援状況調査の結果について
統計加工　©NPO 法人青少年就労支援ネットワーク静岡

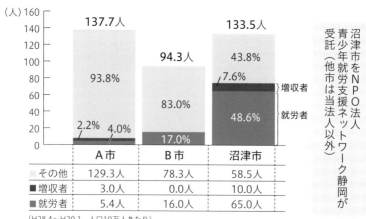

窮者を対象にした事業ながら、A市やB市の事業と比べて沼津市における事業だけが半数近くの人々を就労に導き、増収に導いた人と合わせると、優に過半数を超えていることがわかります。

就労支援が「中核にある」とはこういうことなのです。英語で「人生」は life と言います。そして「生きる」ことを、しばしば、make one's life ／ make a living つまり、「生計を立てる」と言います。そう、生きることとは稼ぐことなのです。私たちは、就労支援を通じて、社会保障に頼りたくないという一人ひとりの気持ちに寄り添い、「人生」をつくり出す応援をしているのだと思います。

ごちゃ混ぜにする

かつて、私たちは、大人が若者を支援する団体でした。大人は支援者、若者は被支援者と立場がはっきりしていたと思います。つまり、二分法でものを考えていました。

しかし、沼津で生活困窮者自立相談支援事業を受託して大きく変化したのは、支援拠点の様子です。狭いスペースにぎっちりと人がいるのです。人に聞かれたくない話も多いでしょうから、中で話さなければならないのはわかりますが、そもそも、誰がスタッフで、誰がボランティアで、誰が困りごとを抱えた人なのだかわからないのです。たくさんの人の中にスタッフが埋もれているのです。

誰が誰の相談にのってるんだろう。いや、そもそも困ってるのは誰なんだろうという感じです。実際スタッフはてんてこ舞いで、スタッフが一番困っているようにも見えます。今日、相談に来られた方が、同じようなことに悩んでいるからと言って、あとから相談に来られた方の相談にのっていたりします。そうこうするうちに、ボランティアさんが声をかけて、みんなで企業見学に出かけたりします。

そう、この場はカオスなのです。カオスがつくり出すごちゃ混ぜが、想定外のさまざまな展開を生み出しています。ごちゃ混ぜだからこそ、その瞬間にしか起こらない出会いがあり、その出会いからしか起きない解決が生まれてきます。

この様子を見ていて、立場は固定してはいけないんだ、と気づきました。混ぜまくるからこそ力が生まれるんだということです。最も大事なのは、さまざまな人生や悩みを持った一人ひとりが集まる異質性の高い場を持つということなのです。若者同士の交流を重視し「青春を取り戻す」活動も悪くはありません。しかし、若者しかいない、あるいは、若者とプロの支援者しかいない、同質性の高い居場所は目指してはいけないのです。

沼津で学んだのは、性別も年齢も立場も困りごとも関係なく、ごちゃ混ぜにするところから、想定を超えた支援が始まるということです。すべての人が脆弱性を抱えている現在、支援とは一方向的なものではなく、双方向的なものです。誰が誰を助けているのか、誰が誰に助けられているのかわからない風景こそ、人をエンパワメントするのです。よく、出番と役割が必要と言いますが、この沼津のセンターでは、相談にきたその日から自分の出番と役割が用意されているのです。

好きなこと・好きなもの・好きな人

静岡方式の根幹はストレングスモデルですが、ストレングス（強みや長所）という概念は、そもそも英語ですし、いまひとつ、私たちの腑に落ちていなかったように思います。これを突破してくれたのが、沼津のスタッフの堤絵理さんです。

彼女はストレングスと言わずに、「好きなこと・好きなもの・好きな人」と言い始めました。彼女は、本人と話しながらニコニコと「好きなこと・好きなもの・好きな人」を聞いていきます。人は歩くのが好きだったり、話すのが好きだったり、掃除が好きだったり、動物が好きだったり、パンが好きだったり、乗り物が好きだったり、一緒に相談に来ている同年輩の〇〇さんが好きだったり、ボランティアの△△さんが好きだったりします。

「好きなこと・好きなもの・好きな人」を聞いた彼女は、「じゃ、□□に行こ！」と行き先を決めて伴走を始めます。話を聞く前に車に乗せてしまい、車内で「好きなこと・好きなもの・好きな人」を聞きながら、行き先を決めてしまうこともあります。

「好き」を手がかり足がかりにして就労支援をするのは、仕事に関する興味とか関心とかを手がかりにするのとはちょっと違います。たとえば、「好きな人」を手がかりにするというのは、「(一緒に支援を受けている)○○さんが行くなら、私も一緒にその会社を見に行く」みたいなことです。「好きなこと・好きなもの・好きな人」をきっかけにする就労支援は、人の気持ちの揺れに素直に乗っかっていける就労支援です。本人が足を向けたい方向に背中を押すことができる就労支援です。その方向を探すためのマジックワードが「好きなこと・好きなもの・好きな人」です。

一日目にできるだけたくさんの人に会うことが大事

堤絵理さんからはたくさん教えてもらいました。彼女の就労支援のもう一つのポリシーが、「一日目にできるだけたくさんの人と会ってもらう」というものです。

「相談に来られたら、まず受け付けてくれる人、次に好きなこと・好きなもの・好きな人を聞いてくれる人、そして、伴走をしてくれる人、そして、伴走先の企業さんと出会うでしょ」。

これで最低四人に会えるというのです。企業見学には複数の相談者が一緒に出かけることもありますから、五人以上の人と会うこともしょっちゅうあります。

大事なのはたくさんの人に会うことだけではありません。できるだけいろんな人に会うことです。同性に会う、異性に会う、年齢が近い人に会う、年齢が離れた人に会う、困りごとが似ている人に会う、困りごとが違う人に会う、働けていない人に会う、働いている人に会う…。

意図的に「ごちゃ混ぜ」を活用し、伴走支援につなげる発想が「一日目にできるだけたくさんの人に会うことが大事」というポリシーに表れているのです。これが、一日目に「あっという間に」起きることに価値があるのです。「人生は変わる」ということを実感することができるからです。

「あれよあれよ」という間に、「明日は一〇時に来てね」と社長さんに言われて就労体験が決まっていきます。

地域の仲間で支える

かつての静岡方式はマンツーマンを原則としていました。発足当初は、マンツーマンで支援する保護司さんの仕組みから出発したからです。しかし、活動しているうちに、一人で応援するより、地域のみんなの力を合わせて応援するほうが、支援する側一人ひ

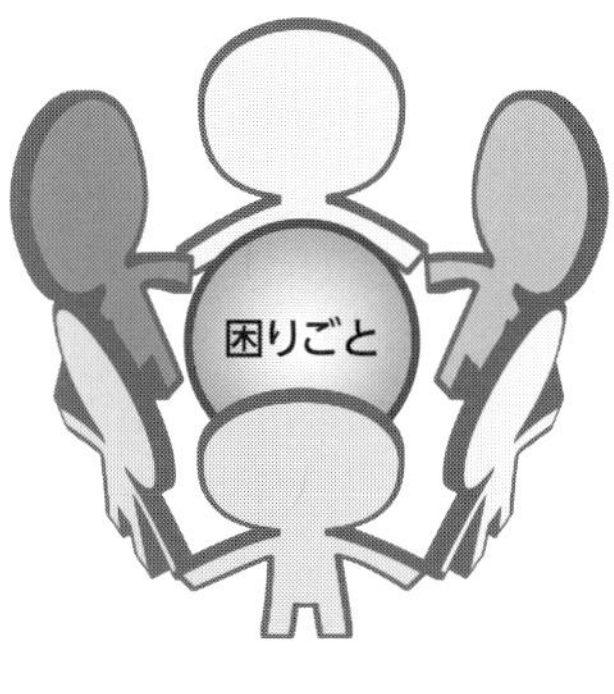

とりの負担が小さく、応援するためのアイデアも出やすいことに気づきました。みんなで話すほうが、本人に対して提案できることもずっと多様になります。

こうして、私たちは、困っている人を、一人で応援するという考えから、地域の仲間で支えるという考えへと進化させました。こうすれば、支える側が家庭の事情や時間的な負担などで、一時的に都合がつきにくくなっても、他の仲間が代わって応援すればよいからです。私たちにはもともと「雁行のように先頭が入れ替わりながら飛び続ける」という考え方があります。これを、支援のあり方に取り入れたわけです。

考えてみれば、これこそ、ネットワークによる支援です。マンツーマンの支援では、握っているたった一つの手を放したら縁が切れてしまいます。しかし、多くの人が手を差し伸べていれば、ある人の手を放してしまっても別の人の手をつかむことができます。まさに、セイフティネットとなるわけです。

また、ネットワークのかたちをとることで、創造的な解決が出やすくなります。一対一でかかわるよりも、より多くの人がかかわることで、本人の好きなこと・好きなもの・好きな人を生かした、さまざまな提案や機会の提供がより豊かにできるようになります。地域の仲間の力は大切です。

有償ボランティア

東部では委託事業で働いているスタッフは自分たちのことを「有償ボランティア」と言います。この表現はうちのＮＰＯに雇用されたとしても、「自分はやっぱりボランティアなんだ」という気持ちを表しています。この言い方はとっても大切です。勤務時間は「スタッフ」で余暇時間は「ボランティア」をしているのではなく、まずは、一人の人として「自分は一貫してボランティアである」と宣言しているのです。

ですので、東部の「有償ボランティア」のみなさんは、うちのＮＰＯで働き続けることにまったく拘泥していません。「いつ事業がなくなっても大丈夫です。だって就労支援をしていれば、いい働き場所と出会っているので、いつでも就職できますから」と言われます。

青少年就労支援ネットワーク静岡が委託事業を受けているのは、委託事業がなくなったときに、地域の人々の力だけで困っている人を応援できる状況をつくるためです。「委託事業がいつなくなるかわからない」という不安から委託事業を守ろうとするのではなく、委託事業がいつなくなってもいいように、全力で地域づくりをするというのが東部の「有償ボランティア」の心意気なのです。

東部ではこのように全力で地域づくりをする有償ボランティアが中核にいますから、今のスタッフになってからわずか三年で、東部のボランティア数は五〇〇人近くに達しています。東部だけで一〇〇万人以上の人口がいますから、五〇〇人など微々たるものですが、このように「ネズミ算」的に増えていることをとても頼もしく感じます。

相互扶助の社会をつくる

私たちは、団体の理念を四年前につくりました。

「青少年就労支援ネットワーク静岡は、静岡県内の働きたいけれども働けない人びとに対して、市民のネットワークによる伴走型の就労支援を提供することを通じて、働く喜びを分かち合える、相互扶助の社会をつくることを目的とします」

一番大切なのは最後にある「相互扶助の社会をつくる」ことです。もちろん、私たちの団体は、就労支援の団体です。しかし、その目的は、相互扶助の社会をつくることなのです。就労支援は私たちのかかわった誰かが働き出せば終わりというものではありません。その人たちの人生の山あり谷ありにずっとかかわっていくものです。そのために大切なのは、誰もが身近な困りごとに対して「おせっかい」をするような相互扶助の社会をつくることだと気づいたのです。

就労支援は手段です。伴走型の就労支援を通じてできる限りたくさんの人と出会い、できる限りたくさんの人を仲間にしながら、お互いをおせっかいのネットワークに編み上げていく、これが目的なのです。

相互扶助の社会とは、相互依存の社会でもあります。困ったらお互い様だね、とわかり合える社会です。「依存」というのはよくないことのように思われていますが、一対一の関係でべったり依存するのがよくないのであって、広く薄く「多様なネットワーク」を通じて依存すればよいのです。

一人が一人の人を抱えるのは「重たい」わけですが、みんなで支え合えば大丈夫です。一人で胴上げはできませんが、みんなの力を合わせれば「胴上げ」ができます。

つながり合っている困りごとに取り組む

私たちは「働きたいけれども働けない」という困りごとから出発した団体です。しかし、今は、この困りごととつながり合っている、食べ物がない、家がない、仕事がない、水道光熱費が払えない、借金がある、ギャンブルが止まらない、お子さんの学費が払えない、友だちがいない、相談相手がいないといった、さまざまな困りごとにも取り組む方向に進化しています。これらの困りごとはみんな結びついています。

就労支援をしていたときから、就労支援だけをしていてもダメだというのは実感していました。静岡県には太平洋に流れ込む川の支流の谷沿いに中山間地域がたくさんあります。こういうところで「働きたいけれども働けない」という状況になると大変です。地元に仕事がないからです。車の運転ができない場合、仕事のある「まち」に引っ越すために住居支援が必要になります。

この状況を大きく突破してくれたのが、沼津を中心に取り組んでいる、生活困窮者自立相談支援事業の受託です。生活保護の一歩手前にある「働きたいけれども働けない」方々にとって、働くこと

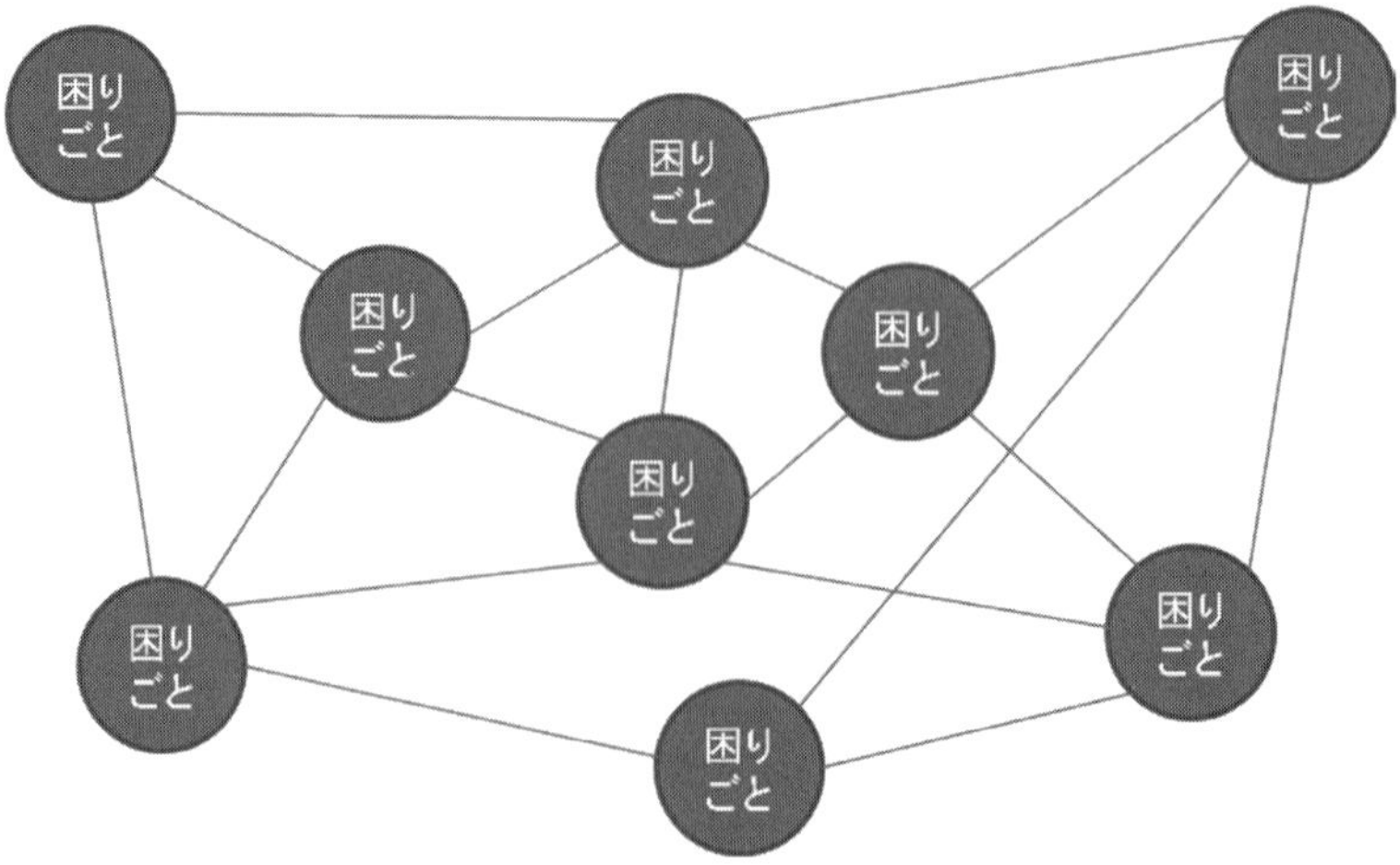

で状況を突破する就労支援が役に立つことは想像どおりでしたが、生活困窮の方々の抱えるさまざまな困りごとに出会うことで、私たちは大きく成長することができました。

食べ物がない、家がない、仕事がない、水道光熱費が払えない、借金がある、ギャンブルが止まらない、お子さんの学費が払えない、友だちがいない、相談相手がいないといった困りごとはお互いにつながり合っています。つまり、困りごと同士がネットワークになっています。そこで、私たちは、就労支援を中心に、さまざまな困りごとに対処する支援を配置する「支援の生態系」づくりに取り組み始めました。たった一つの支援ではどうにもなりません。困りごとが結びついているのですから、支援も結びつくのです。

組織のうちそとの境界を緩くする

ボランティア団体である青少年就労支援ネットワーク静岡は、うちそとの境界の緩い組織です。誰もが私人として参加していますから、企業のようなうちとそとの境界がはっきりした組織とは異なります。また、誰もが、本業や趣味、あるいは他のボランティア活動もしておられます。就労支援の活動にこうしたご本人の他の側面を掛け合わせていただくことを、当初は「ダブル・アイデンティティ」と言っていました。要は「かけもち」による相乗効果ということです。「かけもち」を促進するにはうちそとの境界を意図的に緩くする必要があります。しかし、委託事業を引き受けたりしているうちに、こうした「緩さ」が失われ始めました。

そこで、沼津で発明されたのは、NPOとは別にボランティア中心の組織「サポぬま」を市民を中心に立ち上げるという動きです。ちょっとわかりにくいかもしれませんが、これは大発明でした。そもそもNPOは定款があり目的が定められています。しかし、困りごとは多種多様にありますから、「支援の生態系」をつくろうとすると、必ずしも定款に定められていない活動にも手をつけたくなります。ここで出番となるのが「サポぬま」なのです。サポぬまはそもそも任意団体で、定款などありません。うちのメンバー以外の人も入っています。

NPOとして、サポぬまから発議された提案は全面的に応援することにしました。なんといってもそのほうが就労支援がうまくいくからです。

「サポぬま」は、二〇一六年四月に「沼津の貧困を考える」という催しを開き、その場でやりたいことがある人に提案をしてもらい、「この指とまれ」でプロジェクトを立ち上げました。こども食堂や学習支援の活動がそこから生まれました。こうして、支援の生態系づくりが進んでいます。

支援の生態系をつくる

申し上げたように、沼津では生活困窮者自立相談支援事業を受託しました。私たちは、就労支援団体ですから、就労支援が得意です。そこで働いている有償ボランティアがあまりに大変そうなので、見るに見かねたボランティアの方々が、本格的な応援体制をつくってくれました。これが「サポぬま」です。

ボランティアの方々の関心や得意なことは一人ひとり違います。音楽のできる方もいれば、企業経営者の方もいれば、こども食堂に関心のある方もいれば、学習支援に関心のある方もいます。こうした方々が、就労支援を得意とする私たちを応援してくださっています。

こうしてできてきたのが、就労支援を中心に、いろんな応援が取り巻く「支援の生態系」です。生活困窮者の自立支援は就労支援だけではできません。最終解決である就労支援を真ん中に置きつつ、その他の支援が衛星のように、就労支援を囲む生態系が必要です（図3）。この支援の生態系を静岡県内の全市町

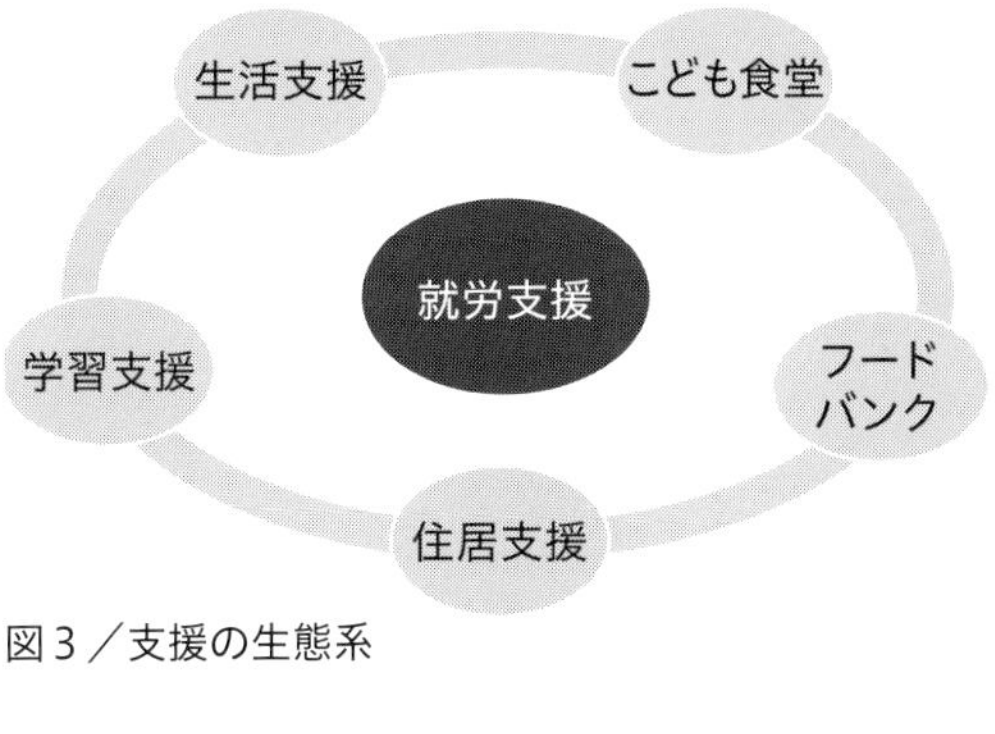

図3／支援の生態系

村に展開し、各市町村の「支援の生態系」を県単位で結びつけることができれば、静岡県全域を支援の生態系で覆いつくすことができます。とても楽しみなことです。

人に頼るという専門性

ボランティア団体である青少年就労支援ネットワーク静岡が、委託事業を始めたとき、有償ボランティアが何をすべきかはっきりしていませんでした。フルタイムのスタッフですから、地域のとりまとめ役を担ってもらおうというところまでは考えましたが、有償ボランティアが無償ボランティアをとりまとめるとはどういうことかイメージがつかなかったのです。私たちは、もともと、無償ボランティアの団体です。無償ボランティアが、有償ボランティアの手足になってしまったのでは、まったく意味がありません。

東部は、有償ボランティアの専門性とは何かをはっきりさせてくれました。それは単純で、人に頼る力です。頼って頼って頼りまくる力です。自分で支援をしてしまうのではなく、人に頼ることで、周囲の応援力を引き出す力です。「困ってます。助けてください」と、無償ボランティアに呼びかけて、より多くの人に応援団になってもらうのが専門性なのです。別の言い方をすると、有償ボランティア自身が困りごとを抱えた人になるということです。有償ボランティアがあまりに困っているので周囲が放っておけない状況をつくり出すのです。

支援を求めてこられる方の困りごとはあまりにも多岐にわたり、有償ボランティアだけで抱え込むようなものではありません。一般的な支援機関だと、他の機関にお願いする（リファーする）のでしょうが、うちの場合は、無償ボランティアのみなさんが寄ってたかって手を出すような状況をつくり出します。こうやって、マンツーマンの支援ではなくネットワークによる支援を実現してしまうのが専門性なのです。

確かに、東部スタッフはどうも頼りないというか、一生懸命頑張っているけど、どうにも手を貸したくなるようなキャラクターの方が少なくありません。本人は甘えているつもりはないでしょうが、甘え上手とも言えます。

「私は支援のプロです」というような妙な自負（プロ意識）を持たず、「自分の力では支援はできないからいろんな人に頼ろう」という気持ちが地域をつくりあげていくのです。有償のスタッフが自分たちだけで支援しないというのは大切なことです。

支援ではなく応援

支援という言葉は、この本でもまだ使っていますから、「支援から応援へ」という変化はまだ十分に定着しているとは言えませんが、最近は、支援という言い方はしっくりこないな、応援という言い方がいいなと感じるようになりました。

応援という言葉のほうが、「支援する人―支援される人」という関係を固定しないように思えるからです。伴走型支援、いや、伴走型応援と言うべきですね。伴走型応援では、自分の人生は本人しか生きられないからこそ、私たちは伴走者なわけです。伴走者だったら「支援」よりも、一緒に走りながら声をかけたり、給水所でドリンクを渡したりする「応援」のほうが自然に感じます。

私自身も、「支援」は受けたくないけれども、「応援」だったらしてほしいという気持ちがあります。必要なところは手助けしてほしいのですが、支援を受けるために、相手の言うことを聞かなければならないという状況はまっぴらご免です。

一方、応援してくれるのはとってもありがたいです。モノをもらった場合でも、「応援だよ」と言われるほうが「支援だよ」と言われるより、よほどうれしい気がします。

隙間を埋める

沼津の活動を通じて、私たちが、この社会でどういう役割を果たしているかがだんだんとわかってきました。

私たちは隙間を埋めているのです。

ペストフの三角形という図があります。スウェーデンの学者のペストフという方が考えたもので、大きな三角形の三つの頂点をそれぞれ「国家」「市場」「家政」という小さな三角形が占めるという図です（図4）。大きな三角形の三つの頂点を小さな三角形が占めているので、大きな三角形の真ん中にはスペースが空きます。

最近は、この「国家」「市場」「家政」という三角形が小さくなり、真ん中のスペースが大きくなっています。経済がうまくいっておらずゼロ成長になっていますから、「市場」には人を抱える力がなく正規雇用を絞り非正規雇用を増やし続けています。経済が回らないので税収が上がりませんから、「国家」は社会保障を絞らなければなりません。稼ぎ手の実質収入が下がってくるわけですから、「家政」も家族を支える力を失っていきます。

これまでは、私たちは働けば何とかなる、働けなくても家族が面倒を見てくれる、家族が面倒を見られなくても国が何とかしてくれると思っていたわけですが、どうにもなりません。「国家」と「市場」と「家政」を足したものを「社会」と考えると、「社会」が縮小してしまって、真ん中の隙間がどんどん広がっているわけです。

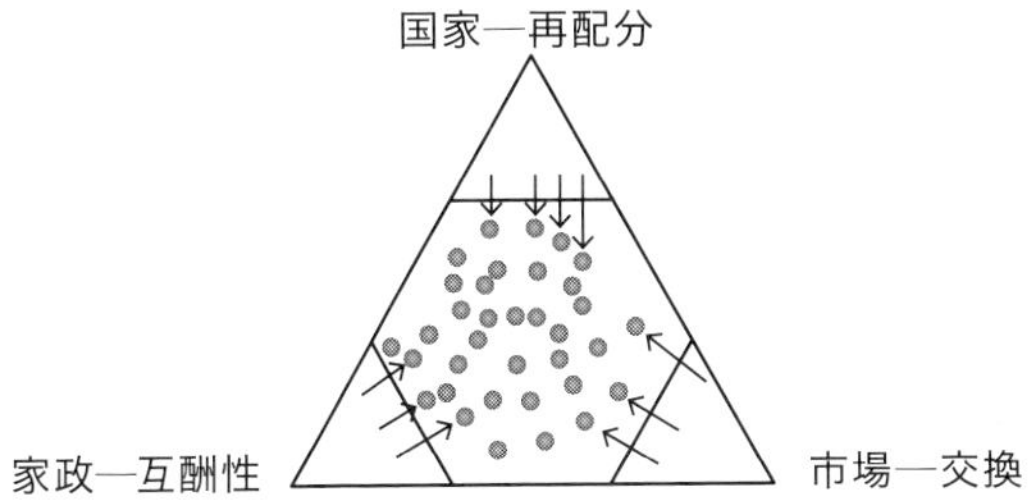

図4／ペストフの三角形

こうして、私たちは「社会の一員」となることが困難になってしまっています。「国家」「市場」「家政」から放り出された人々は、真ん中の隙間を漂流しています。お年寄りの孤独死は典型的な結果です。働くこともできず、社会保障にもうまく頼れず、家族とも離れて一人ぼっちで生きざるを得なかった結果です。

私たちがやっているのは、この真ん中の隙間を漂流し無縁化している人たちをつなぎ直すということです。つながり合い、相互扶助の仕組みをつくりながら、やがては、この三角形のど真ん中から、「社会」をつくり出していきたいと思っています。

地域を再組織化する

この隙間を相互扶助の社会で埋めるということが、「地域を再組織化する」ということです。地域には、孤独死される方もいれば、孤立無援で頑張っておられるシングルマザーもいれば、人に頼ることができずひきこもっている方もいます。問題は、地域に住んでいる人と人がうまくつながり合っていないということです。だから、私たちは、人と人をつなげ直し、地域を再組織化するのです。

組織化し直す、英語で言えば、オーガナイズし直す（re-organize）ということです。オーガナイズの語源は、オーガン（臓器organ）で、オーガニック（organic）も同じ語源です、有機体／生き物をイメージさせる言葉です。つまり、社会を一つの生命体のように紡ぎ直すのが、再組織化です。人体に血が通っているように、社会におせっかいを通わせるのです。

おせっかいはちょっと難しく言えば「贈与」です。たとえば、生活困窮の方がおられて、お米は手に入ったけれども炊飯器がないので炊けないというとき、東部のメーリングリストでは「炊飯器が必要な方がいます。一台ありませんか」というメールが流れます。このとき大事なことがあります。炊飯器という「モノ」ではなく、具体的な誰かの善意が困った方の手元に届くこと、そして、何の見返りもその場では期待しないことです。私たちがつくろうとしている地域とはこんな「助けっぱなし、助けられっぱなし」という贈与の連鎖が自然に起きる地域なのです。

静岡方式は進化し、このようなイメージを持つようになりました。

ネズミ算としての組織をつくる／フラクタル構造をつくる

地域を生き物としてイメージすると書きましたが、東部での私たちの団体の成長はネズミ算的でした。三年前に一桁であった東部のボランティア数は今や五〇〇名に達しています。生命の増殖のように感じられます。親が子を産み、子が孫を産むように、東部全体に広がってきたのです。まるで、アメーバの細胞分裂のようです。

私たちの組織は、上下関係があるピラミッドではありません。そうではなく、横へ横へと繁殖し、地域を覆いつくすネットワークなのです。一つひとつの地域にネットワークがあり、それがつながると、静岡県全体では青少年就労支援ネットワーク静岡になります。繁殖する「生き物」としての自己イメージを持つことで、私たちはずっと成長していけるように感じます。

この構造は、いわゆるフラクタル構造です。フラクタル構造とは、図5の葉っぱのように、ある図形の中に、それとまったく同じ形のより小さな図形が存在し、さらにその小さな図形の中に、さらに小さな同じ形…が存在する構造を言います。仏教的に言えば曼荼羅です。大宇宙の中に中宇宙がありその中に小宇宙…があります。仏さまの中に仏さまがありその中に仏さま…があります。

図5／フラクタル構造（左・曼荼羅／右・シダの葉）

親が子を産み、子が孫を産みという、ネズミ算的構造とも言えますし、大のなかに中があり、中のなかに小がありという入れ子構造とも言えます。活動をしているうちに、私が気づいたのは、静岡方式とは、地域をフラクタル構造化する試みだということです。

静岡方式の原型は、働けなくて困っている人を取り巻くというかたちです。困っている人の応援は一人ではできません。困っている人がいたら、地域で何人かの人が集まって、その困っている人を応援します。応援する側も一人ひとりが得意なことが違いますから、働けなくて困っている人をいろんな人が取り巻くわけです。

さらに一歩進んで、沼津で起きたのは、就労支援の周囲を、それに関連するさまざまな支援が取り巻くというかたちです。就労支援だけでは問題が解決できなくて困っていたら、こども食堂、学習支援、住居支援など、就労支援を取り巻く構造ができたのです。個人を就労支援のために取り巻いていたら、今度は、その就労支援を取り巻く「支援の生態系」ができたのです。

今、東部では、沼津市にできた「支援の生態系」を、ネズミ算的に各市に伝播しようとしています。こうなると、沼津の「支援の生態系」を、各市にできた「支援の生態系」が取り巻くかたちになります。

こうやって、フラクタル構造をつくり、静岡を覆っていけば、いずれ、静岡の困りごとはすべて地域の相互扶助の仕組みで対応できるに違いありません。

ピラミッドからネットワークへ

ピラミッド構造では情報は上から下へ、あるいは、下から上に流れます。情報が横に共有されないので、いわゆる縦割りの弊害が起きます。しかし、静岡方式はネットワーク構造です。ネットワークの中では、複数の人々による対話、つまり、ポリフォニー（多声性）が起きます。

沼津市自立相談支援センターには、本当にさまざまな人たちが来ています。さまざまな人たちが集まったカオスで、いろいろな意見が交わされているうちに、いつの間にか解決が生まれますが、これが、ポリフォニーの成果です。「場」が解決を生み出します。

サポぬまが開いた「沼津の貧困を考える」という集まりも、ポリフォニーの場でした。一〇〇人近い方が集まり、やりたいことがある人が声を上げ、それを応援したい人たちがその人を囲んで、こども食堂や学習支援のプロジェクトが立ち上がりました。多声的な場における「声合わせ」が、実際的な「力合わせ」を実現したのです。

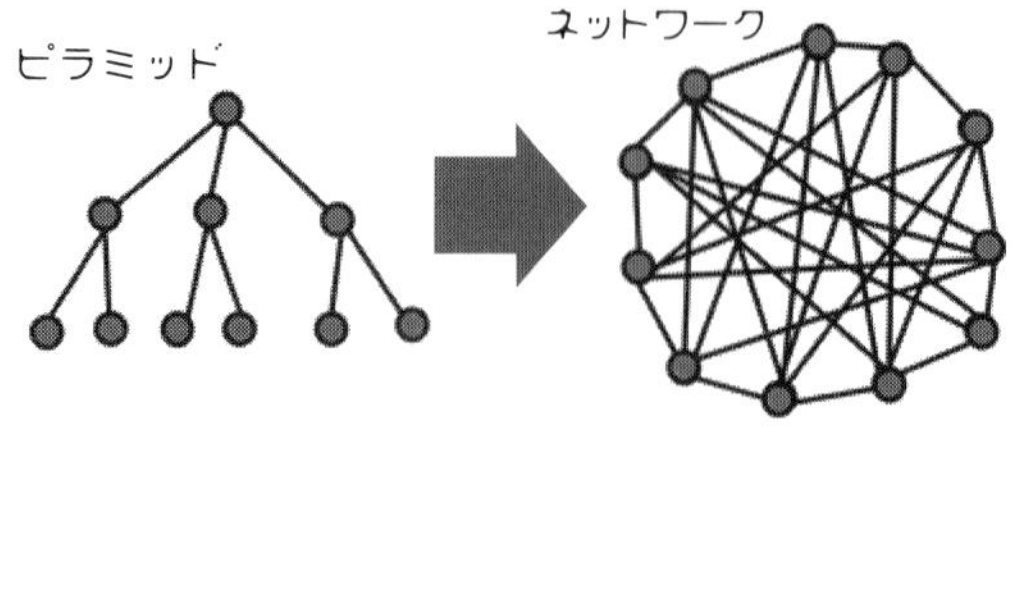

ネットワークにおける情報のやりとりは多声的で、よって複雑です。上位下達のピラミッド型の組織における情報の伝達のようにはいきません。しかし、多声的な場であるからこそ、創造的な解決が生まれてくるのです。

就労支援は一人でするものではありません。だから、困っている人を取り巻いてネットワークを組みます。そして、支援は就労支援だけではありません。だから、「支援の生態系」というネットワークを組むわけです。私たちは、ピラミッドではなくネットワークで、地域を覆いつくします。

ハチの巣の輪モデル

この支援の生態系というネットワークを一般化したのが、「ハチの巣の輪モデル」です。地域に、ハチの巣がいくつもあり、それぞれのハチの巣が、輪っか状に連鎖しているというモデルです（次ページ、図6）。ここでは、ハチの巣は居場所を意味します。つまり、地域に複数の居場所があるということです。大事なのは、それぞれの居場所が孤立しているのではなく、居場所が相互に連なりあっているということです。

　本物のハチは自分の巣にしか出入りしませんが、この「ハチの巣の輪モデル」では、ハチはどの巣にも出入りするというイメージです。つまり、ハチは、地域にある複数の居場所を出入りできるのです。たった一つの支援に依存することなく、いくつもの異なる支援に少しずつ分散しながら依存できる状況とも言えます。たった一つの支援にしか依存できなければその支援が切れたら孤立してしまいますが、頼るところが複数あれば簡単に窮地に陥ることはありません。

　私たちの有償事業の事業拠点もこのハチの巣の一つです。いろんなハチがやってきて、出会い、混ざり、手を携えて飛び立つ。そのような巣の一つであるとともに、同じような巣が増えることを応援していきたいと思います。

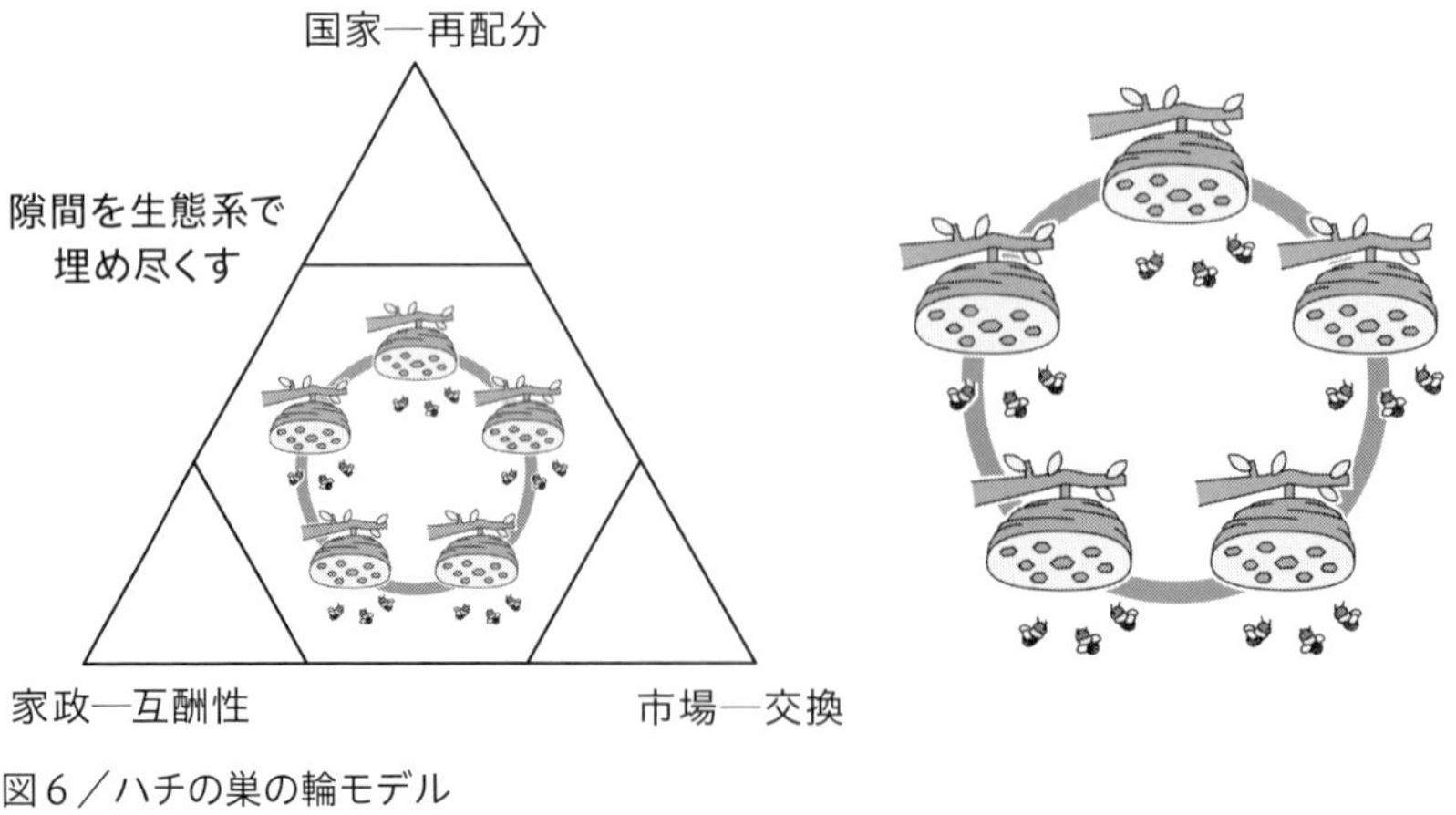

図６／ハチの巣の輪モデル

私たちが目指すもの

私たちが目指すのは、しんどい人々も含めて、みんなで生き延びることです。そのためには二つのキーワードがあります。一つのキーワードは、社会的連帯経済です。温かい経済といってもよいです。経済とは生きていくための「モノ」を手に入れる仕組みです。市場を通してお金を払って手に入れることもできますが、一方、炊飯器を譲ってもらうときのように、「思い」とともに手に入れることもできます。社会的連帯経済とは、この例のように、「ともに生き延びる」ことを目指す経済、市民の力でつくる経済、相互扶助に基づいた経済です。私たちのことばで言えば「いい人」たちの経済とも言えます。相互の助け合いを仕組化した、時間銀行（ボランティアをした時間を貨幣化して地域で流通させる仕組み）や、市民金融、地域通貨、協同組合は、いずれも、社会的連帯経済です。無償のモノのやり取りを仕組化した、フードバンク（流通過程で余った食品を困窮している人で共有する仕組み）やコミュニティ農園（地域で共同耕作して作物を共有する仕組み）もそうです。私たちは、ペストフの三角形の真ん中に「社会的連帯経済」をつくり出して、市場から経済を取り戻し、無縁化した人々が生き延びるための経済をつくりたいと思います。

二つ目のキーワードは、コミュニティ・オーガナイジングです。手短に言えば市民運動ですが、ペストフの三角形の真ん中の隙間にある人々が組織化して連帯することによって、国家や市場を広げ直す活動です。たとえば、アメリカでよく知られている運動は時給一五ドル運動です。移民労働者を中心に低賃金で働いている人々が連帯し、さまざまな働きかけを通じて時給一五ドルを達成しています。

ネットワークの力は地域社会における交渉力を高めるので、連帯することによって、雇用を開発していく仕組みを、雇用者側と交渉してつくりあげていくこともできます。東京では、中小企業にチームをつくってもらい共同で若者の面倒を見てもらう仕組みを、市民社会の側が提案して実現しつつあります。沼津では、私たちのボランティアである企業さん同士が知り合いになり、ある会社でうまくいかなくても他の会社でフォローする工夫が始まっています。これらは、大きな三角形の真ん中にある隙間から、三角形の頂点を占めている小さな三角形を広げ直していく動きだといえます。

国全体の景気を良くすることはできませんが、このような工夫をしていけば、椅子取りゲームになってしまうという就労支援の根本的な問題が解けていくかもしれません。座れる椅子が少しずつ増えていくからです。こうして、地域における助け合いは、椅子取りゲームを越えて、椅子を増やすための工夫へとつながっていきます。

進化する組織をつくる

これまで書いてきた、進化する組織をつくるにはどうしたらよいでしょうか。この点に関してはいまだに試行錯誤中ですが、最も大切なのは、進化する組織は「生き物」ですから、自生的に発展しなければいけないということです。つまり、細かい指示や命令でこうした組織はできないのです。ですから、自生的な発展を促すために最も大切なのは、自然に任すということです。

ところが、自然に任すだけで、このような組織が育つわけではありません。実際、このような発展（いわゆる自己組織化）は、東部でしか起きませんでした。私は、自主的な組織が育ちにくい理由は二つあると考えています。一つは、ピラミッド型の組織で働くことにこれまでの人生で染まってしまった人が少なくないということです。自分のことを「有償ボランティア」ではなく「職員」と規定したり、また事業所を「運動拠点」ではなく「職場」と規定したりするのなら、指示は「上から」しかやってきません。委託事業を「仕事」としてやる限り、地域を覆いつくすという、私たちの理念に至高の価値が置かれることもありません。もう一つは、委託事業を取り巻く環境から、ピラミッド型の組織を求められがちだということです。たとえば、事業を受託するにあたって、NPO法人化を求められたりすることがありますが、それに伴い、定款、総会、決算、監査といったルール設定やフォーマルな機構が必要になります。端的に言えば、行政というピラミッド型の組織に似せた組織づくりを求められるのです。

しかし、私たちは、フォーマルなゆで卵ではなく、インフォーマルな生卵です。外被（殻）はしっかり保ちつつも、中身はゆるゆるでなければいけません。つまり、私たちは、行政に似せた外被をまといつつも、自らを「生き物」であると自覚して増殖を繰り返さなければいけません。

静岡方式を進化させるために必要なことは、絶えず、私たちの本来のあり方、つまり、「文化」を共有することしかありません。そのため、私は、静岡方式に触れるすべての方々に向けて、この文章で書いたような考えを発信する機会を多く持っています。また、ＮＰＯでは、年間三回にわたって静岡県全体での集まりを行って、私たちの感性や優先順位を共有することを行っています。三回とは、ボランティア全員に向けての全体研修、外部の方もお招きした活動報告会、若者中心の県全域フォローアップミーティングです。

しかしながら、これらだけでは、不十分です。もっともっと、相互刺激や相互啓発が生じるきっかけが必要です。たとえば、ある地域で起きた取り組みが、他の地域を模倣するのを待っているだけでなく、積極的に他地域に対して共有し提案するといった仕組みです。感染力を高めるわけです。このための工夫をもっと追求していきたいと思います。

静岡方式はもともと「縁」を大切にしてきました。地縁、血縁、校縁などさまざまな縁です。縁とはそもそも自生的なもので、有機的（organic）なものです。絶えず、静岡方式の原点に立ち返り、それぞれの地域にある、有機的なつながりを自生的に組織化（organize）していきます。

進化は止まらない

私たちはボランティア団体として、地域に住む私たち同士が助け合って困りごとを解決していける相互扶助の社会をつくりたいと願っています。

有償事業を通じ、私たちは静岡県東部地域を中心に、地域のあらゆる困りごとと伴走しながら、さまざまな「いい人」たちと出会い、一人ひとりのあらゆる強みをつなぎ合わせ、社会を変えていきます。どんなに困っている方にも強みがあり、相互扶助の仲間です。

試行錯誤を繰り返し、静岡方式はこれからも進化し続けるでしょう。静岡方式の進化は止まりません。

「家屋」を「閉じた箱」ではなく、電気や水や人などの流れ（フロー）が通り抜けていく「結節点」として捉えるという見方が示されています。この斬新な捉え方のおかげで、自分たちの拠点を、さまざまな人や情報の流れ（フロー）が合流し通り抜けていく場所であるとイメージすることができました。

■ 高橋源一郎、辻信一『弱さの思想：たそがれを抱きしめる』大月書店
働きたいけれども働けない人を、その人を支えるネットワーク（人の輪）の真ん中に置くという発想は、私たちにもともとあったものですが、さらに進んで、弱さ（困りごと）を地域の真ん中に置くという発想は、この本から示唆を受けたものです。この本で紹介されている、精神病院を真ん中において発展したオランダのまち「エルメロー」の話から、「弱さを真ん中に」とした地域づくりという考え方が生まれてきました。

これからの社会のあり方については、中野佳裕さんの『21世紀の豊かさ』（コモンズ）に示されている、コモンズの考え方や社会的経済・連帯経済という考え方から大きな影響を受けました。脆弱性を抱えた人々のつながり方については、宮本太郎さんの『共生保障』（岩波新書）から、そして、人に頼ることが専門性という考え方は、熊谷晋一郎さんの「自立」と「依存」に関する考え方から影響を受けています。また、困っている人を取り巻いてみんなで話し合っていくという考え方はオープンダイアログから、地域の自己組織化という考え方はteal型組織という新たな組織モデルから影響を受けています。

「すべての人が脆弱であるこの社会を、私たちがどのように支え合い生き延びていったらよいか、すなわち、相互扶助の社会をどのようにつくるか」

この問いに対する答えを、私は、さまざまな経験や書籍を通じて模索してきたのだと思います。

番外編

ここまで書いてきたことは、東部をはじめとする青少年就労支援ネットワーク静岡の発展から私が学んだことですが、私自身も、さまざまな経験や書籍の影響を受けてきました。そのうちの主なものを紹介したいと思います。

■ ミッドウエストアカデミーでの研修

ミッドウエストアカデミーは、アメリカで発展してきた、社会を変えるための運動の仕方（コミュニティ・オーガナイジング）を教えてくれる研修機関です。私は、2015年の夏、一週間にわたって、シカゴで研修を受け、社会を前に進めるための方法論を学びました。地域の人々（コミュニティ）が力を合わせて（オーガナイジング）、特定の目的を達成する方法論です。私たちのやっていることが事業でも活動でもなく、「運動」であると自覚できたのは、この研修に参加したからです。

■ 清水美香『協働知創造のレジリエンス』京都大学学術出版会

静岡が被災したらどのように地域を立ち上げていったらよいのだろうという関心から読み始めました。その後、清水先生には何度か直接お話をうかがう機会もいただき、社会にあるさまざまな隙間をつないでいくことが、地域の「レジリエンス」（逆境を乗り越える力）を高めると教わりました。無縁化しつつある人と人の隙間を埋めながら地域を覆いつくすという発想はここから出てきたものです。

■ ジョン・アーリ『グローバルな複雑性』法政大学出版局

社会や組織とは複雑系であるという理解はこの本から得ました。フラクタル構造として、静岡方式を捉えられるようになったのは、この本のおかげです。たとえば、この本には、

〖NPO法人青少年就労支援ネットワーク静岡　利用同意書〗

特定非営利活動法人
青少年就労支援ネットワーク静岡

【NPO法人青少年就労支援ネットワーク静岡】
利　用　同　意　書

◆「静岡方式」の個別伴走支援では、地域のボランティアが働くことに悩みを抱えるご本人と一緒に仕事探しをサポートしてくれます。

◆例えばこんなサポートをしてくれます

☆一緒に仕事探しをしてくれる。
☆電話で相談にのってくれる。
☆励ましてくれる。
☆就労体験への同行をしてくれる。
☆あなたの強みを見つけてくれる。
☆ハローワークに一緒に行ってくれる。
☆仕事の経験談を話してくれる。
などなど…

◆ＮＰＯ法人青少年就労支援ネットワーク静岡は、登録時にお預かりした個人情報を大切に取り扱い、就労支援以外の目的では使用しません。
※個人情報をしっかりと守ります！

上記留意事項について同意し
ＮＰＯ法人青少年就労支援ネットワーク静岡の支援を利用します。

平成　　年　　月　　日

〒
住　所：
氏　名《ふりがな》：　　　　　　　（男・女）　　歳
生年月日：　西暦　　年　　月　　日
電話番号：
メールアドレス：

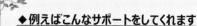

〖NPO法人青少年就労支援ネットワーク静岡　事業同意書（受付票）〗

（様式１）

相談申込・受付票

ID		※相談日	平成　　年　　月　　日	受付者	

■基本情報

ふりがな		※性別	□男性　□女性　□（　　　　）
氏名		※生年月日	□大正　□昭和　□平成 年　月　日（　　歳）
住所	〒　　－		
電話	自宅　（　　）　－	携帯	（　　）　－
E-mail			
就労・就学状況	□就労・就学している （職場・学校名：　　　　） □就労予定 □仕事を探している □仕事をしていない（仕事は探していない）	健康状態	□良い □良くない
		直近の離職後の期間	□6ヵ月未満　□6ヵ月～1年未満 □1年以上～2年未満 □2年以上
来談者 ＊本人以外の場合	氏名	来談者の本人との関係	□家族（本人との続柄：　　） □その他（　　）
	電話　（　　）　－		
	E-mail		

■ご相談の内容（お困りのこと）

ご相談されたい内容に○をおつけください。複数ある場合は、一番お困りのことに◎をおつけください。

	病気や健康、障害のこと		住まいについて		収入・生活費のこと
	家賃やローンの支払いのこと		税金や公共料金等の支払について		債務のこと
	仕事探し、就職について		仕事上の不安やトラブル		地域との関係について
	家族関係・人間関係		子育て・介護のこと		ひきこもり・不登校
	DV・虐待		その他（　　　　）		

お困りになっていることを具体的に書いてください。

■利用申込み欄

○○市御中

別紙の「個人情報に関する管理・取扱規程」に基づいて、相談支援の検討・実施等にあたり必要となる関係機関（者）と情報共有することに同意の上、自立相談支援機関の利用を申し込みます。

平成＿＿年＿＿月＿＿日　　本人署名＿＿＿＿＿＿＿＿＿＿印

〖生活困窮者自立支援制度に基づく個人情報の共有に係るガイドライン〗

生活困窮者自立支援制度に基づく個人情報の共有に係るガイドライン

1　目　的

平成27年4月1日に施行される「生活困窮者自立支援法」に基づく生活困窮者自立支援制度の円滑な実施と相談者の自立促進のため、個人情報の共有に係るガイドライン（以下「本ガイドライン」という。）を策定する。

2　定　義

本ガイドラインに記載する用語について、以下のとおり定義する。

（1）相談者

生活困窮者自立支援制度における自立相談支援機関（受託者を含む。以下同じ。）において、生活困窮等に関する相談を行った者をいう。

（2）個人情報

個人を特定、識別することのできる情報をいう。

3　個人情報の共有の考え方

相談者の自立支援プラン作成のために必要な情報を、自立相談支援機関が関係機関に対し提供に係る請求を行い、情報を得ることにより、自立支援プランの作成を円滑に行うとともに、相談者の支援に係る役割分担や連携を円滑に行うため、必要最低限の範囲において、個人情報の共有を行うものとする。

また、転居に伴い、自立相談支援機関の所管を越える区域に転出する際は、支援の継続性を検討のうえ、必要に応じて転出先を所管する自立相談支援機関に対し、本人の同意のうえで情報提供するものとする。

4　個人情報の提供に係る請求と提供方法

個人情報の共有は、原則として以下の手順で行うものとする。

（1）相談者本人の同意

自立相談支援機関は、相談者から相談申込・受付票（様式1）に基づく相談申込を受け付ける際に、個人情報の共有に係る同意について、その共有内容や範囲等を説明し、様式1に署名捺印をもらうことを以て同意を得るものとする。

（2）自立相談支援機関での検討

自立相談支援機関は、相談申込・受付票及びアセスメントを通じて、相談者の支援に関係する機関を選定するとともに、当該関係機関に対し、提供を依頼する個人情報を検討、選定するものとする。

なお、関係する機関及び提供を依頼する個人情報については、必要最低限にとどめることに留意する。

（3）自立相談支援機関による情報提供の請求

自立相談支援機関は、（2）に基づき、生活困窮者自立支援制度に基づく情報提供請求書（様式2）を作成し、関係機関に対し提出する。

なお、町村については、福祉担当課を窓口とし、当該課に提出するものとする。

（４）関係機関の対応

関係機関は、様式２に基づく請求を受けた場合、当該情報の提供の可否を検討する。

検討の結果、提供可能な情報については口頭及び紙面（参考様式１等を活用する）にて提供するとともに、提供できない情報については、理由を回答期限内に通知するものとする。

（５）提供された個人情報の取扱い

自立相談支援機関は、提供された個人情報について、相談者の自立支援プラン作成に活用するとともに、支援調整会議において関係機関と共有することとし、それ以外の業務において当該個人情報の使用は行わないものとする。

また、自立支援プラン作成の際に、相談者本人に対し、関係機関より提供を受けた個人情報の内容や理由について、可能な限り説明するものとする。

５　転居に伴う個人情報の共有の取扱い

相談者の転居に伴い、自立相談支援機関の所管を越える区域に転出する際、転出先を所管する自立相談支援機関に対し、以下の手順により情報提供を行うものとする。

（１）支援継続の必要性の検討及び相談者本人の同意

自立相談支援機関は、転居する相談者について、支援継続の必要性を支援調整会議等で検討する。検討の結果、支援継続の必要性がある場合は、本人にその旨を説明のうえ、転出先を所管する自立相談支援機関に対する情報提供について、同意書（様式３）に基づき同意を得るものとする。

（２）転出先を所管する自立相談支援機関に対する情報提供

自立相談支援機関は、転出先を所管する自立相談支援機関に対し、情報提供書（様式４）、同意書（様式３）写し及び提供すべき情報が掲載された書類の写し等を送付するものとする。

なお、個人情報であることから、送付の際の取扱いは注意すること。

６　その他

本ガイドラインは、相談者の支援を円滑かつ効果的に行うため、関係する機関すべてに適用をお願いするものである。

なお、本ガイドラインに記載のない内容については、別途協議を行うものとする。

附　則

本ガイドラインは、平成２７年４月１日より適用する。

〖個人情報に関する管理・取扱規程〗

（別紙）

個人情報に関する管理・取扱規程

●●自立相談支援機関では、当機関における個人情報保護に関する取組方針および個人情報の取扱いに関する考え方として、個人情報に関する管理・取扱規程を制定します。

【取組方針】

当機関は、個人情報の適切な保護と利用を重要な社会的責任と認識し、相談業務、支援業務等、当機関が実施する業務を行うにあたっては、「個人情報の保護に関する法律」をはじめとする関係法令等に加えて、本規程を遵守し、ご相談者の個人情報の適切な保護と利用に努めます。

【個人情報の取得方法】

ご相談者の個人情報を業務上必要な範囲において、適正かつ適法な手段により取得します。

【利用目的】

ご相談者の個人情報を、当機関の業務遂行ならびに利用目的の達成に必要な範囲において取り扱うこととし、その範囲を超えて他の目的に利用することはありません。

◎ **当機関の業務内容**

- 相談支援業務
  （例：多重債務の解消、生活困窮状態の解消や生活の再建、税、使用量、手数料等の滞納の解消　等）
- 緊急支援の実施
- プランの策定・実施モニタリング・評価

◎ **利用目的**

- 相談業務を円滑に行うため。
- 自治体に対して自立相談支援事業利用申込、プラン申込を行うため。
- 支援サービス提供、関係機関・者との連絡・調整等自立支援に資するため。

【個人情報の内容】

当機関では、以下の情報を個人情報として取り扱います。

- 氏名、性別、年齢、住所、電話番号、家族関係等個人の属性に関わる基本的情報
- 健康状態、疾病、障害、介護等健康に関する情報
- 就労・通学・通所状況に関する情報
- 収入、資産、債務等経済的状況
- ●●（町・村）の保有する税務情報
- 福祉制度利用状況
- その他、生活歴や過去の経験、抱えている課題等、相談業務において知り得た情報

【第三者への提供の制限】

ご相談者（又は代理人）の同意をいただいている場合や法令等に基づく場合等を除き、原則としてご相談者の個人情報を第三者に対して提供いたしません。ただし、利用目的の達成に必要な範囲内において、関係機関・者等との間で共同利用する場合には、原則としてご相談者（又は代理人）の同意を得た上で、ご相談者の個人情報を関係機関・者等（別表で例示した機関）に対して提供することがあります。

また、例外として、個人情報保護法第 23 条第 1 項に従って、同意を得ずに関係機関・者等に対して情報提供する場合があります。

◎　同意の上で第三者に提供する場合

- 都道府県、支援調整会議構成員並びに所属機関等との間で、緊急支援の実施、各種支援サービスの利用申込みやプラン策定に関する調整を行うため
- 他機関・者が実施するサービス提供を受けるため
- プランが終了した後に関係機関との連携が必要な場合
- 各種福祉制度申込時に、当機関から自治体へ事前に本人が特定される形で相談する場合
- 病気・怪我等の際に医療機関につなぐ場合

◎　同意を得ずに第三者に提供する場合（個人情報保護法第 23 条第 1 項の定めによる）

- 法令に基づく場合
- 人の生命、身体又は財産の保護のために必要がある場合であって、本人の同意を得ることが困難であるとき
- 公衆衛生の向上又は児童の健全な育成の推進のために特に必要がある場合であって、本人の同意を得ることが困難であるとき
- 国の機関若しくは地方公共団体又はその委託を受けた者が法令の定める事務を遂行することに対して協力する必要がある場合であって、本人の同意を得ることにより当該事務の遂行に支障を及ぼすおそれがあるとき

【保存期間】

ご相談者の情報の保存は、利用申込日より開始します。保存期間は、支援終結日より 5 年間とします。その後は、適切な方法（溶解処理等）により廃棄します。

【安全管理措置】

ご相談者の個人情報を正確かつ最新の状態で保管・管理するよう努めるとともに、漏えい等を防止するため、合理的な安全管理措置を実施します。

【継続的改善】

情報技術の発展や社会的要請の変化等を踏まえて本規程を適宜見直し、ご相談者の個人情報の取扱いについて、継続的に改善に努めてまいります。

以　上

解題

宮本 太郎（中央大学法学部 教授）

津富宏さんにこの本の解題、つまり解説の文章を頼まれたとき、正直いうとちょっと困ったなと思った。いうまでもなく、この本で登場する「青少年就労支援ネットワーク静岡」の理事長で静岡県立大学の教授でもある津富さんである。

津富さんとはシンポジウムや研究会で何度もお会いしていたし、議論を交わすなかで、地域における若者支援について多くの経験を積み、高い見識をお持ちの方と知っていた。「就労支援は働く現場で」という考え方については、「中間的就労」の本場であるイタリアやスコットランドのやり方と似ていて、共鳴できると思っていた。ただし、社会運動に取り組む人に時折いる、こぶしを振りかざして正義を説くというようなタイプとは対極で、柔らかな雰囲気を漂わせた方だ。

「静岡方式」は、地域づくりや若者支援の分野ではよく知られたもので、私もその名前は耳にしていた。ただし、その細部に通じているわけではないので、その解説となるとなかなかたいへんだなと思ったのである。

けれども、本書を通読するなどして「静岡方式」を改めて考えると、市民が自分ごととして地域を変えていく、共生社会づくりのプロジェクトとしてのその意義がはっきり見えてきた。

何が「静岡方式」のエッセンスかは本書に明確に示されている。就労支援というのはこれまで、支援する人と支援される人が「窓口」で向き合ってカウンセリングをして、コミュニケーションスキルなどを座学で学んでもらい、しかるのちにハローワークにつなげるなどして現場に送り出すというかたちが多かった。

これに対して「静岡方式」はもっと柔軟だ。「窓口」のような拠点に閉じこもらず、たくさんの人ががやがやと交わる。支援を受ける人にもこれからのつながり方に多いに好き嫌いを言ってもらい、事前の座学にはこだわらずに、様々な就労現場に積極的につなぐ。支援をする人たちも就労から居住まで得意で好きな分野で関わっていく。

座学で就労の予行演習をすることは、畳の上で泳ぎを覚えることに近い。「静岡方式」では、いたずらに準備段階を設けず、すぐに水に入るつまり働き始めてもらうことを目指すが、水に入った後もいろいろな人が関わり続け、働き続けることの悩みにつきあったり、新生活の家具を提供したりする。

この本を読んで思い出したのは、同じようなスタイルの就労支援で成果を上げている滋賀県東近江市における取り組みだ。浜松市や静岡市と東近江市では地域の特徴も異なるし、細かいところではいろいろアプローチの違いもありそうだが、地域の人たちを巻き込みながら柔軟な支援をすすめる点で似ている。

東近江市で活躍する支援員の一人に野々村光子さんという人がいて、彼女は就労に困難を抱えた若者などが現れると、まずは知り合いの中小企業の社長さんなどにかけあって、現場につないでしまう。働き始めると、無断欠勤が増えたり仕事のだんどりができなかったり、当然いろいろな問題が現れる。野々村さんはそこからが自分たちの本格的な出番と考え、社長さん、当事者、関係者などとも改めて協議しながら支援の体勢を整え、就労時間や仕事の中身を調整し、職場に定着させていく。就労後のこうした支援があるから、中小企業の社長さんたちも信頼を寄せて、就労困難を抱えた若者たちを引き受けてくれる。

本書で描かれた支援者のなかでは、たとえば沼津市自立相談支援センターの堤絵理さんの動き方などは、私のなかではこの野々村流を思い出させた。相談者をぱっとクルマに乗せて走りながら悩みや好き嫌いを聞き出し、いろいろな会社などに飛び込みでつながりをつくり、場合によってはそこで就労体験させてしまう。

ちなみに東近江市の野々村さんたちの事業所は「働き・暮らし応援センター"Tekito-(テキトー)"」という。テキトーという事業所名はなかなかのものだが、補助金を出すお役所からだいぶおしかりも受けたりしたらしい。でも野々村さんや堤さんの活動ぶりからは、一見ちょっと「テキトー」に見えるこの方法こそが就労支援においてもっとも「適当」であることが見えてくる。実はテキトーに見える支援ぶりの背景には、豊富な経験に裏付けられた、高度なスキルがあるようにも思えるのである。

さて、若者支援ということについても触れたい。日本の社会保障、福祉が、年金や高齢者医療に偏っていたこと、若者は高齢化の負担のみを背負い込んで彼ら彼女らへの支援は手薄であったことは、様々に指摘されてきた。

こうした議論をあまり単純化してしまうと、世代間対立を煽るだけになってしまう。年金のマクロ経済スライドが実施されたり、非正規雇用で単身、低年金のまま壮年化した世代がさらに高齢化しつつあるなど、高齢世代の困難も増している。

世代間の支え合いを可能にするためにも、若者の支援がとても大事になってきているのであるが、これまで若者は元気であることが当たり前のようにいわれることも多かった。だがよく考えてみると、もともと若者とはリスクの固まりなのだ。まず教育を終えて就労に向かうという点でも、次に家族を離れて独居しあるいは新しい家族形成に向かうという点でも、若者は人生でもっとも劇的な生活転換期のなかにある。順応していかなければならない社会のルールや規範が、相互に矛盾するものを含めて、一挙に複雑化するのもこの時期である。

そうであるからこそ、若者がこうした転換点をなるべくスムーズに通過できるように、それぞれの社会は古くから様々な仕掛けをつくってきた。文化人類学などでも、若者が成人していく通過儀礼がそれぞれの社会でどれだけ大切であったかを強調している。そこまで話を広げなくとも、日本でも実はそれなりの仕掛けがあった。

たとえば日本的経営は、入社直後の若者がしばらくは即戦力とならなくても、一人ひとりが職業的世界と馴染んでいくことを重視してきた。職業高校と地元の中小企業の間には、実績関係と呼ばれた連結関係があり、教育から職業へのスムーズな移行を可能にした。地域の経済を支えてきた公共事業の現場は、少し荒れた若者たちでも引き受けて大人に育てる機能を併せ持っていた。大規模小売店舗法に支えられた商店街には、ちょっとした店番など、今でいえば中間的就労と呼ばれるいろいろな居場所があった。

日本的経営であれ地域の雇用を支えた仕組みであれ、それぞれにいろいろ問題はあったが、移行期の若者を支えた仕掛けはそれなりにあったのである。それらが崩れ去り、雇用の質は劣化し不安定化した。

雇用をめぐるストレスは家族に伝播し、夫婦や親子の関係を複雑化させ、家庭は様々なリスクを吸収するバッファーではなく、新たなリスクをつくり出す源になった。かくして、若者たちが抱えるリスクは増幅され放置されることになった。

最終的には、生活保障の刷新と抜本的な強化が求められている。ジョブカフェや若者サポートステーションなど、若者支援の仕組みも少しずつ現れたが、政治や行政には若者の「やる気」に問題を還元するような発想も残っていた。二〇一五年にスタートした生活困窮者自立支援制度においては、働きたくても働けない人々の実情に寄り添うかたちが強められた。だが、各自治体がこうした制度を事業化したときに、自動的にこうした制度が掲げた目的が達成されるかというと、残念ながら決してそうはならない。

自治体の制度は（国の制度に対応して）相変わらず縦割りで包括的支援が難しい。これまで多くの自治体で、雇用の制度や地域の企業は福祉を必要としない人たちのためのものであった。他方で福祉の部局は、働けない人たちのためにあり、雇用の制度や企業とのつながりはきわめて弱かった。こうした自治体の現実のなかで、就労支援を軸とする生活困窮者自立支援の制度が狙い通り動いていくことができるかどうかは、前途多難なのだ。

そのようななかで、「静岡方式」が、沼津市役所の理解を得て、生活困窮者自立支援制度を創造的に活用していることは心強い。というより、生活困窮者自立支援制度は、このように、地域のイニシアティブが発揮できるよう、行政が柔軟にサポートすることで、目的を達成できるのだと思う。

ぜひとも制度をフルに使って（使い倒して）、若者を含めた生活困窮者支援が、実はこれからのまちづくりに不可欠であることを示していってほしいと念願している。その上で、「支援員の数はもっと必要だ」とか、「支援期間中の所得保障をしっかりさせろ」とか、制度の充実のための声を上げていただければと思う。

要するに若者就労支援の「静岡方式」とは、まちづくりの方法なのだと思う。このまちづくりの方法は、厚生労働省などがいう「地域共生社会」という提起を先取りし、またそのすすむべき方向を示唆している。この点で本書のなかで示されているとても大事な考え方は、『困りごと』がつくり出すまちおこし」という考え方だ。沼津子ども劇場・ハハヂカラプロジェクトの小和田尚子さんも本書でいうように、人々がつながる中心に誰かの困りごとがある。これまでの地縁や血縁を補いながら、そのような「困りごと縁」が広がる。それは若者支援の縁であり、子育て支援の縁であり、介護縁であったりする。私はこれを「必要縁」と呼んでいる。

「困りごと」の解決をとおしてそれに関わる人々が元気になり、つながりが強まる。「困りごと」を養分として人々がつながり、まちづくりがすすむ。このかたちこそ、「静岡方式」から全国に広げるべき点である。

あとがき

Hiroshi Tsutomi

みなさん、ここまで読んでいただきありがとうございました。

六年前に発刊した、前著『若者就労支援「静岡方式」で行こう‼──地域で支える就労支援ハンドブック』も、ライターの永冨奈津恵さんとクリエイツかもがわの岡田温実さんと力を合わせてつくりましたが、本書の制作も、永冨さんと岡田さんにお願いすることにいたしました。前著をつくる過程を通じて、私たちのありのままの姿を引き出す、お二人の力に感嘆したからです。

さて、お読みになった方にお尋ねしたいです。この本で書かれている「静岡方式」は、前著に書かれている「静岡方式」と「同じ」ものだったでしょうか。それとも「違う」ものだったでしょうか。

「同じ」と思われたら、とてもうれしいです。私たちの本質は何も変わっていないからです。この六年間は、その本質をさらに掘り下げてかたちにしていく時間でした。たとえば、私たちはボランティアであるという本質は何も変わっていません。それは、東部のスタッフが、自らのことを「有償ボランティア」と呼ぶことに現れています。委託事業をいくらたくさん引き受けても、それを「仕事」として行うのなら、私たちの団体の存在意義はありません。

「違う」と思われたら、それもとてもうれしいです。この六年間、私たちは静岡方式の発展を地域に任せてきました。その結果、六年前には想像もしていなかったことが可能になりました。その内容が、本書に書かれていることです。最も大きな変化は、私たちの目的が、一人ひとりに寄り添うことではなく、一人ひとりが寄り添えるような地域をつくることに進化したことです。私たちが行っているのは、相互扶助の地域をつくる運動なのです。

とはいえ、静岡方式が、静岡県の全域で、東部のように進化しているわけではありません。このような進化は、放っておけば起きるわけではないのです。つまり、この六年間は、進化を引き起こす条件だけでなく、進化を妨げる条件についても学ぶ期間でした。たとえば、スタッフが支援の「専門家」であろうとし自分一人で困りごとを解決してしまえば、困りごとは地域と共有されません。また、スタッフがボランティア性を失い「仕事」として支援をしてしまえば、無償のボランティアと連帯できません。実際のところ、こうした、静岡方式の進化を妨げる条件はたくさんあります。私たちは、これからも新たな条件と出会い、それらを乗り越える工夫をしていくでしょう。そしてそれらをきっと乗り越えます。試行錯誤こそ、私たちのスピリッツだからです。

なぜ、きっと乗り越えると思うのか。この社会には困りごとを抱えた人がたくさんいるからです。働きたくても働けない人、寂しくても話し相手がいない人、十分にお金がなく生活が苦しい人、学ぼうと思っても学ぶ機会がない人。「今このとき」だけではなく、「人生のどこかの時点で」ととらえれば、ほとんどのすべての人が何らかの困りごとを抱えるのです。こんな困りごとだらけの社会は、家族にも、市場にも、行政にも、もちろん、専門家にも解決できません。

静岡方式の進化とは、この「すべての人が困りごとを抱える社会」を、力を合わせながら生き抜くために、地域自体が解決者となるという進化だと思います。進化した静岡方式とは、このための工夫であり、地域を編み直し、地域を創り直すことで、地域が解決者になるための運動なのです。

近年、「地域づくり」「地域活性化」「地域再生」のための取り組みがたくさん聞かれます。こうした取り組みをしている人たちは、何を目指して取り組んでいるのでしょうか。「すべての人が困りごとを抱える社会」であるという前提で、取り組みを行っているでしょうか。もし、そうでないとすると、多くの人々が取り組みから取り残され、無縁社会を漂流することになります。進化した静岡方式は、誰もが取り残されない社会をつくるための運動なのです。

私たちは、静岡からこの社会を乗り越えます。現在、ボランティアは九〇〇人に近くなりますが、困りごとの規模からいってとても足りません。ひとまずは一万人を目指します。私たちの地域のすべての「いい人」が何らかのかたちでつながれば、きっと、この社会の困りごとは解けると思うのです。

あなたの地域の困りごとを「いい人」で取り巻いてみませんか。多様な困りごとは連鎖しています。その連鎖に対応しようとすることによって、いい人の連鎖が生み出され、地域はいつの間にか、いい人のネットワークで覆いつくされるのです。

人と人がまっとうに「いい人として」出会える地域をつくる。
これが進化した静岡方式です。
みなさん、自分の地域で、私たちと一緒に頑張りましょう。

二〇一七年十一月

津富　宏

PROFILE

津富　宏　|つとみ・ひろし|

少年院教官としての法務省勤務を経て、現在、静岡県立大学国際関係学部教授。NPO法人青少年就労支援ネットワーク静岡理事長。一般社団法人静岡学習支援ネットワーク理事長。専門分野は、犯罪学、評価研究、青少年の社会参加支援。編著書に『犯罪者の立直りと犯罪者処遇のパラダイムシフト』(現代人文社)、『若者就労支援「静岡方式」で行こう!!』(クリエイツかもがわ)、翻訳書に『犯罪からの離脱と「人生のやり直し」』(明石書店)、『熟議民主主義ハンドブック』(現代人文社)、『医療専門職のための研究論文の読み方』(金剛書房)、『犯罪の生物学』(北大路書房)、『性犯罪からの離脱「良き人生モデル」がひらく可能性』(日本評論社)など。

取材・文●永冨奈津恵　|ながとみ・なつえ|

大学卒業後、広告制作プロダクションに入社。退社後はフリーランスとして、広告分野のコピーライティング、デザインなどを行う傍ら、若者支援に関する出版物も制作・編集。近年、関わった本に、『大卒だって無職になる』工藤啓著・エンターブレイン刊、『川崎モデルの実践』川崎市生活保護自立支援室著・ぎょうせい刊、『いっしょに歩けばだいじょうぶ』川崎市生活保護自立支援室刊、『若年無業者白書2014-2015』NPO法人育て上げネット著・バリューブックス刊、『わが子のひきこもり、待つだけでいいのでしょうか？』河野久忠著・NPO法人自立援助センター刊など。

生活困窮者自立支援も
「静岡方式」で行こう!! 2
相互扶助の社会をつくる

2017年11月30日　初版発行

編著者●ⓒ津富　宏
NPO法人青少年就労支援ネットワーク静岡

発行者●田島英二　info@creates-k.co.jp

発行所●株式会社 クリエイツかもがわ
〒601-8382 京都市南区吉祥院石原上川原町21
電話 075(661)5741　FAX 075(693)6605
http://www.creates-k.co.jp　info@creates-k.co.jp
郵便振替　00990-7-150584

イラスト●磯村　拓也
装丁・デザイン●菅田　亮
印刷所●モリモト印刷株式会社
ISBN978-4-86342-216-2 C0036　printed in japan

好評既刊

何度でもやりなおせる　ひきこもり支援の実践と研究の今

漆葉成彦・青木道忠・藤本文朗／編著

ひきこもり経験のある青年、家族、そして「ともに歩む」気持ちで精神科医療、教育、福祉等の視点から支援施策と問題点、改善と充実をめざす課題を提起。

2000円

ひきこもってよかった　暗闇から抜け出して

NPO 法人 ARU 編集部／編

「僕は、外に出るためにひきこもった」「僕は、ひきこもったからこそ、外に出られるようになった」「僕は、この悩み大き心と共に生きて行く！」 5人の若者が心の声を語り出すー

1000円

発達障害者の就労支援ハンドブック　付録：DVD

ゲイル・ホーキンズ／著　森由美子／訳

長年の就労支援を通じて92％の成功を収めている経験と実績の支援マニュアル！　就労支援関係者の必読、必携ハンドブック！「指導のための4つの柱」にもとづき、「就労の道具箱10」で学び、大きなイメージ評価と具体的な方法で就労に結びつける！

3200円

知的障害のある人たちの性と生の支援ハンドブック

ミッシェル マッカーシー／ディビット トンプソン著　木全和巳訳

自慰、月経、恋愛、虐待などのテーマごとに、おさえておきたい基本的な支援の理論と実践を紹介。性の健康モデル・性の人権モデル・行動変容モデルの３つの組み合わせで構成。知的障害のある人たちの人生において、性と生を肯定的に意味づける。

2000円

生活をゆたかにする性教育　障がいのある人たちとつくる　こころとからだの学習　2刷

千住真理子／著　伊藤修毅／編

子どもたち・青年たちは自分や異性のこころとからだについて学びたいと思っています。学びの場を保障し、青春を応援しませんか。障がいのある人たちの性教育の具体的な取り組み方を、実践例と学びの意義をまじえて、テーマごとに取り上げます

1500円

パワーとエンパワメント　ソーシャルワーク・ポケットブック

シヴォーン・マクリーン　ロブ・ハンソン／著　木全和巳／訳

なに？なぜ？どうしたら？３つの方法で学ぶ。多忙を極めるソーシャルワーカー（社会福祉で働く人）たちが、利用者訪問の電車の中や会議が始まる前などの合間に気軽に、手軽に読め、自分の実践の振り返りと利用者への対応に役立つ。

1600円

あたし研究　自閉症スペクトラム～小道モコの場合　1800円
あたし研究2　自閉症スペクトラム～小道モコの場合　2000円

小道モコ／文・絵

自閉症スペクトラムの当事者が「ありのままにその人らしく生きられる」社会を願って語りだす――知れば知るほど私の世界はおもしろいし、理解と工夫ヒトツでのびのびと自分らしく歩いていける！

※本体価格で表示